新版

図解 知らないとヤバイ お金の話

ファイナンシャルプランナー
岡崎充輝

彩図社

もくじ

もくじ

4章 知らないとヤバイ年金の話

5章 知らないとヤバイ困ったときのお金の話

1章

知らないとヤバイ保険の話

about Insurance
知らないとヤバイ保険の話
1

★何千万円もかかる話だからしっかり考えたい

生命保険に入るべき？

よくある保険加入状況

よくあるパターン1　なんとなく入ってしまった

みんな
入ってるなら
入ろうかな

会社に出入りしている保険会社のセールスレディーや営業マンから「皆さんこれぐらいの保険に入っていますよ」と言われて加入する

内容や必要性はまったく理解しないまま結論を出す

よくあるパターン2　両親が加入していてくれた

おかあさん
おとうさん
ありがとう

意外とこのパターンは多く、結婚や親の定年を機に「これからは自分で保険料を払ってね」と渡されるケースがある

自分で決めていないので内容や必要性を理解できない

よくあるパターン3　まったく入っていない

別に
いらないよ
健康だし

今まで健康で、保険の必要を感じたこともないというのがこのパターンの特徴

内容や必要性を理解する必要を感じていない

改めて考えてみよう

日本人は、生命保険大好き国民です。

生命保険文化センターの「生命保険に関する全国実態調査」２０１８（平成30）年度のデータを見ると、1世帯あたりの平均保険料は1年で38・2万円。**30年で1146万円**になるのです。

しかし、実際はこれだけの金額を支払っている実感はありません。それは、ほとんどの場合が**月々の支払い**だからです。

「家族で毎月約3・2万円ですよ」と言われると、全体でいくらかかるかの意識が低くなってしまうのです。

まずは、**一生涯で相当な金額を払うのが生命保険だ**という意識を持ってください。「お付き合いで」「友達だから」などというレベルで簡単に考えることのできるものではないのです。

しかし、ほとんどの方が、どうやって生命保険と付き合っていったらいいのかさえ学ぶこと

★POINT★

「本当に必要なお金」がどのくらいか？
それを見極めるのがとても重要。

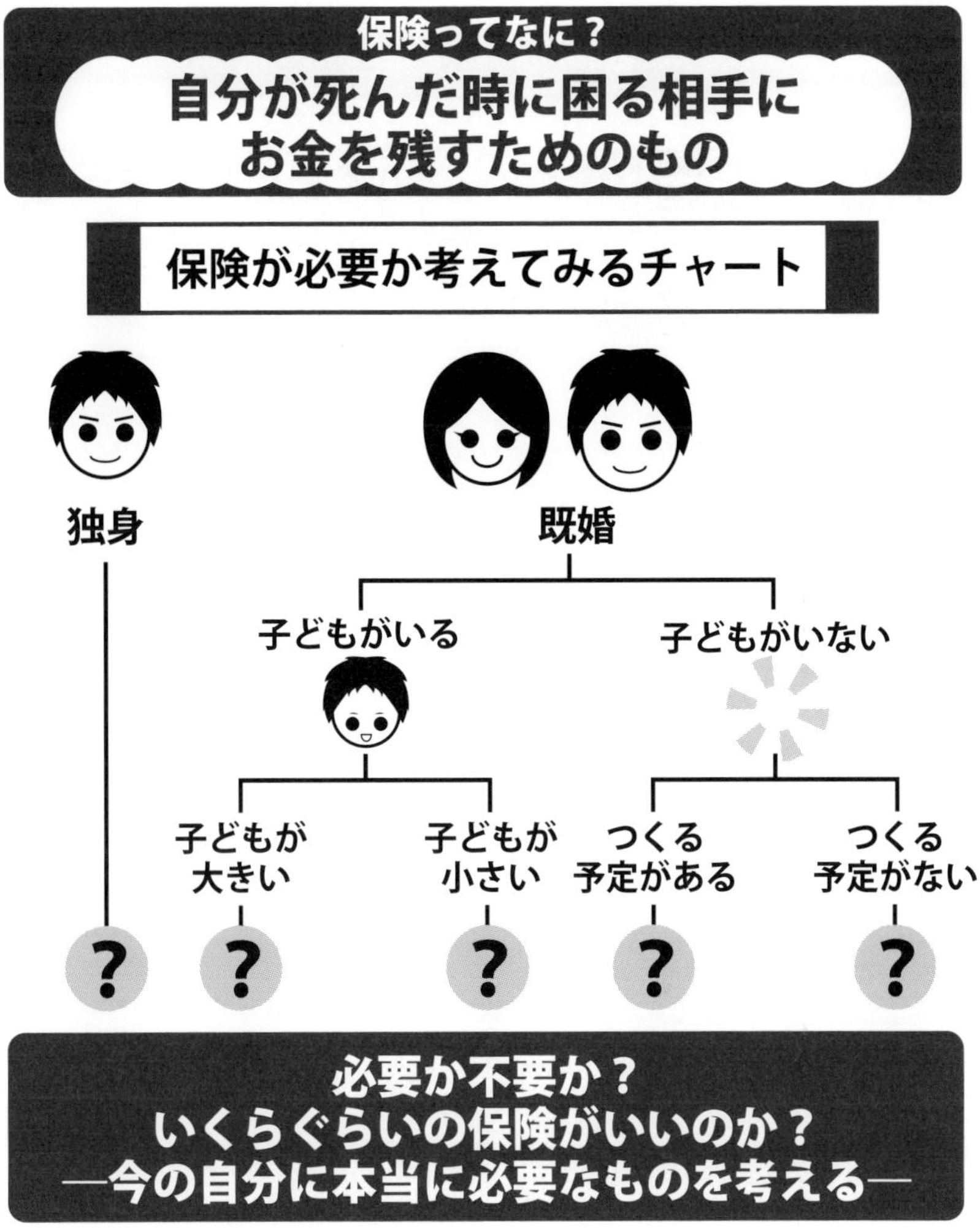
保険ってなに？
自分が死んだ時に困る相手にお金を残すためのもの
保険が必要か考えてみるチャート
独身
既婚
子どもがいる
子どもがいない
子どもが大きい
子どもが小さい
つくる予定がある
つくる予定がない
?
?
?
?
?
必要か不要か？
いくらぐらいの保険がいいのか？
―今の自分に本当に必要なものを考える―

はありません。

生命保険は、あなたの人生に不可欠なものなのか？

今の自分に必要なものを考えればいい

そもそも生命保険は、自分が死んだときに困る相手にお金を残すためのものです。

子どもがまだ小さいのに、一家の大黒柱に先立たれてしまったら、奥さんはとても困ってしまいます。生命保険とは、そんなときのための保険なのです。

「じゃあ独身の場合はどうなるんだ？」と疑問に思った方もみえるでしょう。賢明な方なら、「もしかすると**独身の場合は、生命保険なんていらないのでは？**」と思ったのではないでしょうか？

そうなのです。たまに独身で3000万、4000万円という生命保険に加入している方がいます。ケースバイケースですが、独身者が死亡した場合、いったい誰にお金を残す必要があるのでしょうか？　**ほとんどのケースでお金を残す必要はない**のです。

こんなふうに考えてみると、今の自分に本当に必要なものがはっきり見えてくるはずです。

about Insurance
知らないとヤバイ保険の話
2

★加入者は実はギャンブラー?

生命保険は命がけのギャンブル

生命保険の仕組み

生命保険に加入
40歳までに死ねば
1億円の保険が支払われる
40歳までに死亡すれば1億円の保険金が支払われる
毎月の掛け金は１万円
←チップ
ギャンブルにたとえると…
40歳までに死ねば男性の勝ち
死ななければ保険会社の勝ち
30歳
50歳までに死亡すれば1億円の保険金が支払われる
毎月の掛け金は２万円
←チップ
ギャンブルにたとえると…
死ぬ確率が高くなったので
チップは２倍になる
40歳
60歳までに死亡すれば1億円の保険金が支払われる
毎月の掛け金は４万円
←チップ
50歳
生命保険は
自分が死ぬほうに賭けたギャンブルと同じ!

人はみずから命を絶たなければなかなか死なない

生命保険は、命をかけた「ギャンブル」です。

こう書くと、「えっ!!　どういうこと?」と思う方もいるでしょう。

上に例をあげましたが、このような考え方をすると、保険とギャンブルは仕組みがいっしょなのです。

とするならば、このギャンブルが我々にとって有利なのか不利なのか、その構造を見ておくことが大事です。

左ページ上の表は、厚生労働省が出している、「第22回完全生命表」というグラフです。簡単に言えば「何歳のとき何人生き残っているか?」を表したグラフです。

このグラフから計算すると、30歳の男性が、40歳までに亡くなる確率は、なんと約1%。50歳まででも約3・2%。

★POINT★

負けるのが前提のギャンブルだからこそ賭け金をしっかりコントロールしよう！

日本人男性のデータから分かること

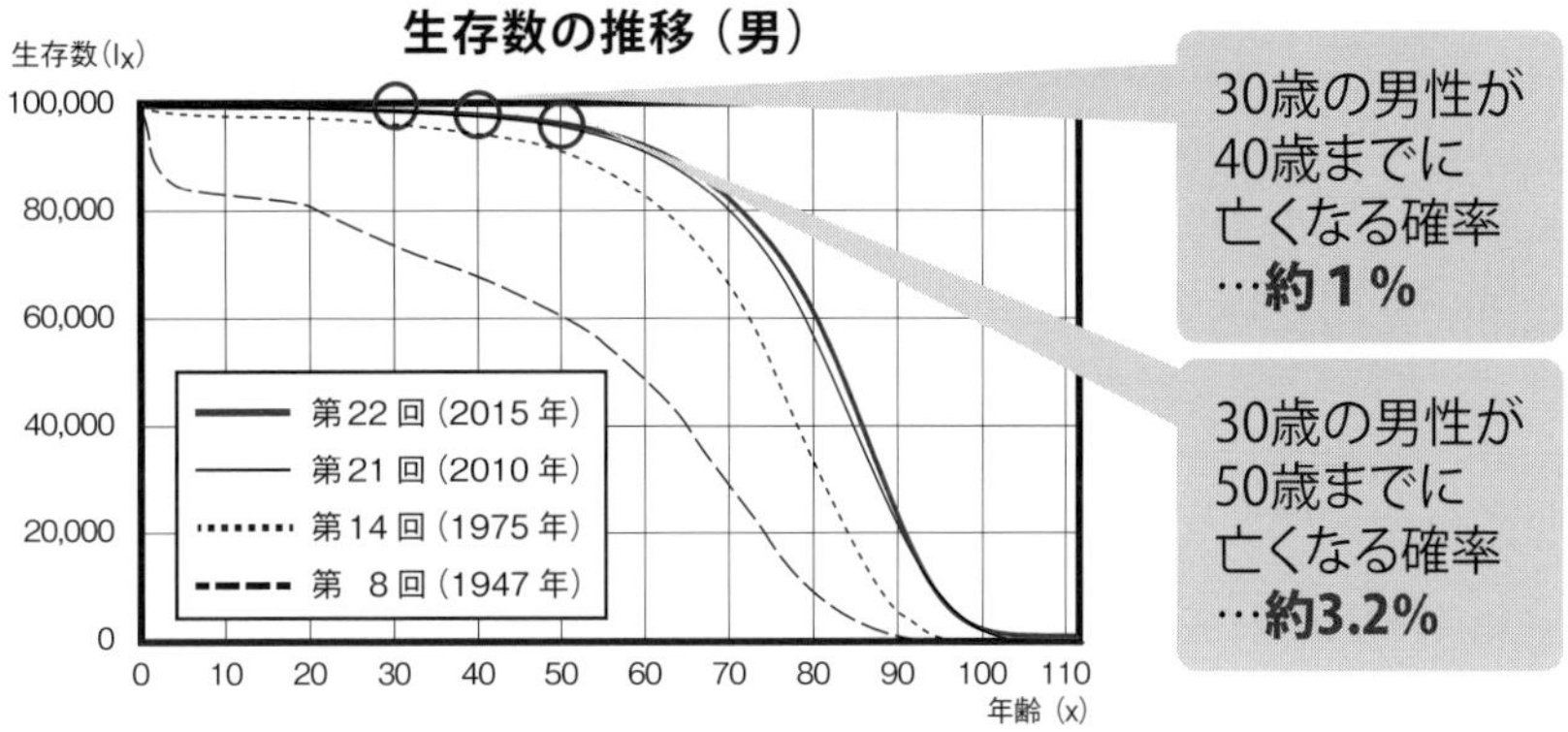
生存数の推移（男）
生存数（lx）
100,000
80,000
60,000
40,000
20,000
0
0 10 20 30 40 50 60 70 80 90 100 110
年齢（x）
第22回（2015年）
第21回（2010年）
第14回（1975年）
第 8回（1947年）
30歳の男性が40歳までに亡くなる確率…約1％
30歳の男性が50歳までに亡くなる確率…約3.2％

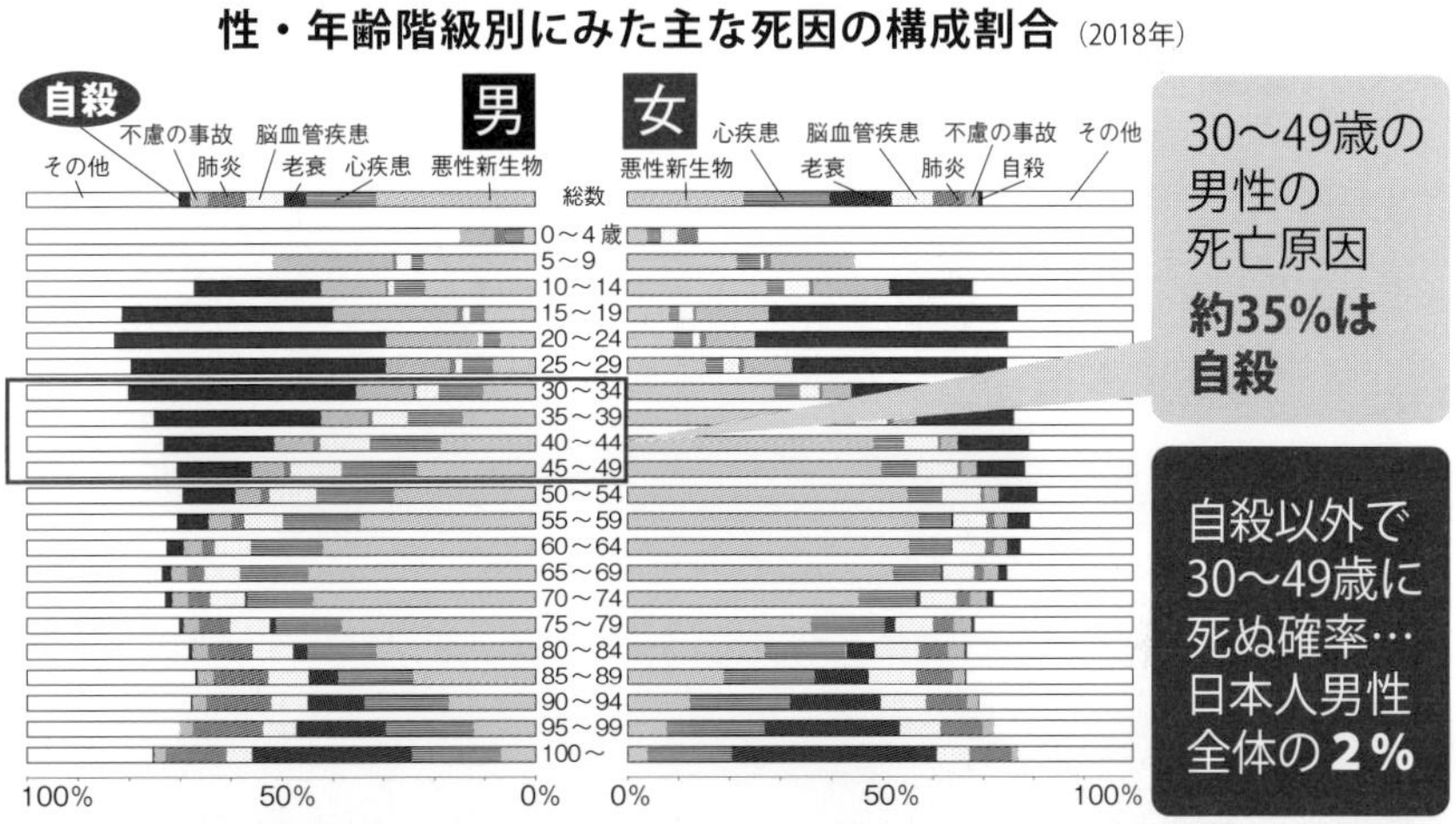
性・年齢階級別にみた主な死因の構成割合（2018年）
男
女
自殺
不慮の事故
脳血管疾患
肺炎
老衰
心疾患
悪性新生物
その他
総数
0〜4歳
5〜9
10〜14
15〜19
20〜24
25〜29
30〜34
35〜39
40〜44
45〜49
50〜54
55〜59
60〜64
65〜69
70〜74
75〜79
80〜84
85〜89
90〜94
95〜99
100〜
100% 50% 0% 0% 50% 100%
30〜49歳の男性の死亡原因 約35%は自殺
自殺以外で30〜49歳に死ぬ確率…日本人男性全体の2％

ほとんどの日本人男性は自ら命を絶たなければ50歳までに死なない

つまり、**ほとんどの日本人男性は、みずから命を絶たなければ、50歳までに死なない**計算になるのです。

生命保険というギャンブルが、いかに勝つことの難しいギャンブルかが分かると思います。

負ける前提でするギャンブルが保険

それでは、こんなに確率が低いのなら、生命保険に入る必要はないのでしょうか？

いやいや、そうではありません。

一家の収入源を失ってしまうと、家族や子どもを路頭に迷わせることになりかねません。

いくら少ない確率でも、その危険性が0％でない以上、なんらかの方法でリスクヘッジをする必要があります。

だからこそ、一番考えなくてはいけないのが、この**ギャンブルにいくら賭けるのか**ということなのです。

つまり、**「負ける」前提で最小限の勝負をしておくギャンブルが「保険」**という考え方なのです。

「負ける」前提で考えれば、生命保険の考え方は、飛躍的に変わってきます。必要最低限の掛け金で挑む心がけができるからです。

★手厚い保障のほうがよさそうに見えるけど
どんな保険に入ればいいの？

かつての殺し文句

もしご主人が亡くなった場合、
その後の教育費は
お子さん１人あたり
最低でも2000万円は必要です
契約書
保険会社の
セールスレディ

「万が一」とはどんなときか

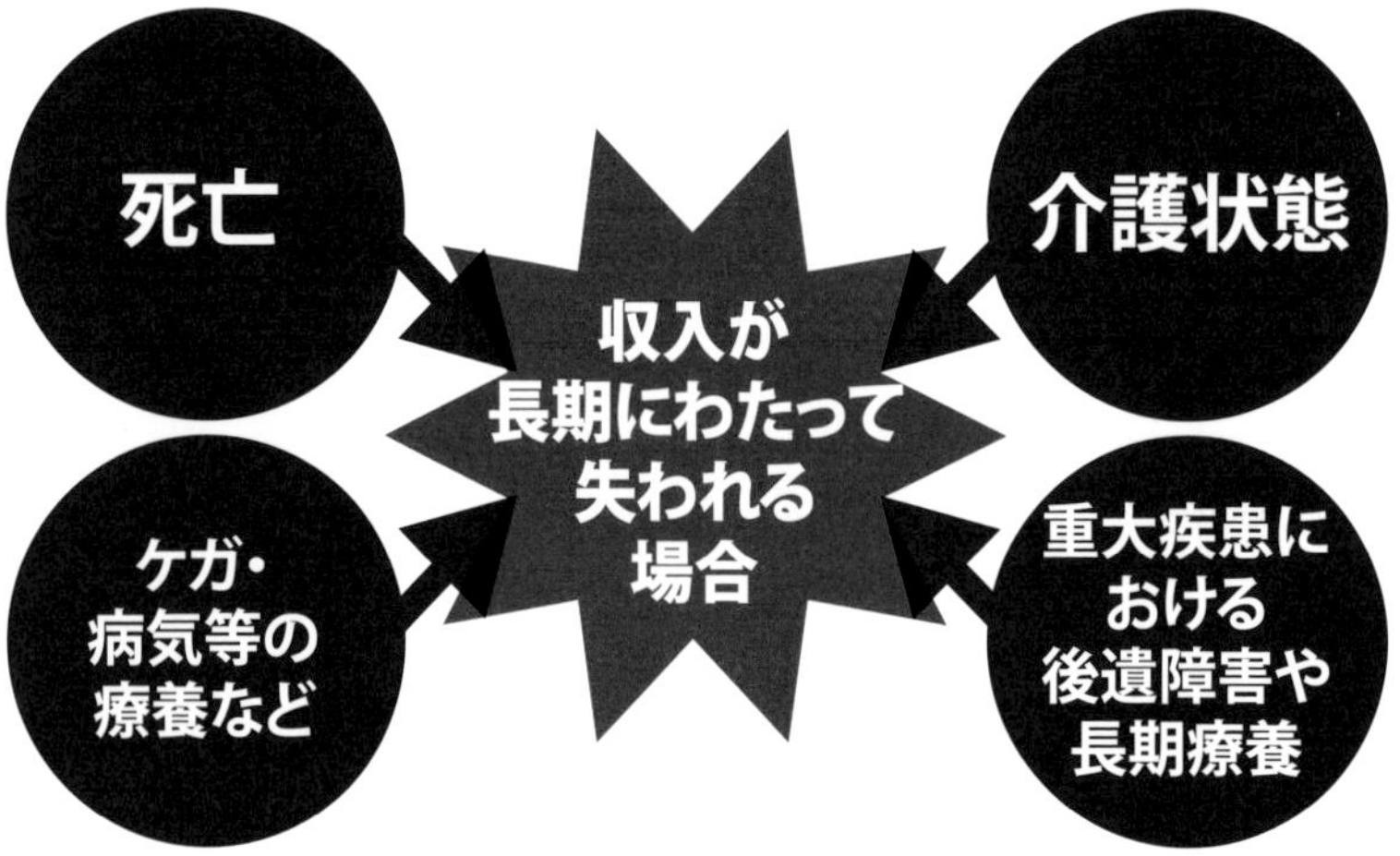
死亡
介護状態
収入が長期にわたって失われる場合
ケガ・病気等の療養など
重大疾患における後遺障害や長期療養

いつ、なんのためにお金が必要かを考える

昔、生命保険のセールスレディはよく、上記のようなトークをしていました。そして、この根拠がありそうでない金額を、長い間多くの日本人が信じてきました。

しかしもう、そんなのんきなことは言っていられない時代です。

保険という勝てないギャンブルに挑むには、いったい**「いくらの保険金」を「いつまで」用意しなくてはいけないのか**をハッキリさせる必要があります。

意外と保険に入る目的がぼんやりしている人が多いので、まずは**保険に入る目的**から考えていきましょう。

保険に入る目的は、一言で言えば、万が一のことが起こったときにお金に困らないようにすることですよね。

その万が一とは、上の図にあるようなもので

★POINT★

どの保険に入るべきかは、加入の目的をはっきりさせれば分かる。

保険でなにをカバーする？

【シミュレーション】
もしも夫に万が一のことが起こったら…

生活に必要なもの	・生活費（水道光熱費・電話代・食費・日用品費・保険） ・住宅関連費用（住宅ローン・固定資産税・下水道料金） ・自動車関連費用（ガソリン代・保険・税金・車のローン） ・教育費（学費・塾費等） ・葬祭費用（お墓・仏壇費用含む）
いらなくなるもの	・夫のお小遣い ・毎月の生命保険料 ・１人分の携帯電話代・服飾費・食費
今後必要になるもの	・高校までの学習費→（すべて公立）→約540万円 （すべて私立）→約1770万円（2016年） ・大学の教育費→（公立大学）→400万～500万円 （私立大学）→700万～800万円（2017年） 合計…約940万円～（すべて公立）／約2470万円～（すべて私立）

必要な保険金額の80%は教育費

どこまで保険で
カバーするか
自分の家の事情に
合わせて考えなきゃ

す。簡単に言えば、収入が長期にわたって失われる場合です。

つまり、**お金が入ってこなくなると困る状況に備えて、保険に入る**ということになるのです。

「万が一」に必要な額を計算してみる

それでは、そういう状況になったときに、何がどのぐらい不足するのでしょうか？

万が一のときにいくらお金が必要かを考える上で大事なのは、**毎年の家計の収支を正確に把握する**ことです。そしてその中から不必要なものをはぶいていくのです。

例えばご主人に万が一のことが起こった場合を想定するなら、当然ご主人のお小遣いはいらなくなるし、毎月の生命保険料もいらなくなる。携帯電話代や服飾費・食費だって1人分少なくなるし、車だって必要なくなるかもしれません。こうして出た金額に教育費を足していきます。

そうして出した生活費・教育費の合計で**支出の年表をつくってみて、はじめて万が一のことが起こるといくらのお金が必要かが分かってくるのです**。

about
Insurance
知らないと
ヤバイ
保険の話
4

★「保険」という名前ではないけれど

実はもう保険に入っている？

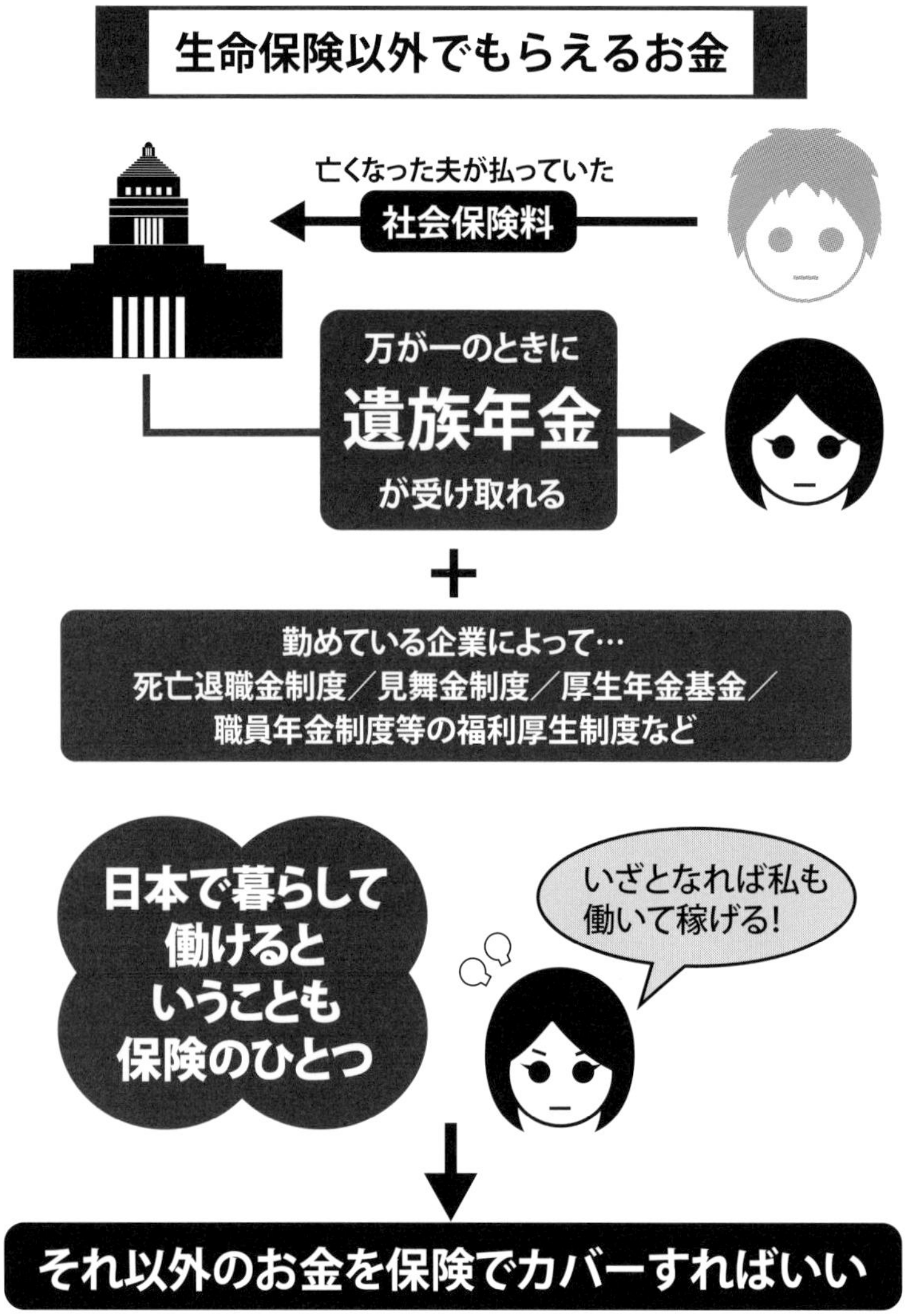

生命保険以外でもらえるお金
亡くなった夫が払っていた
社会保険料
万が一のときに
遺族年金
が受け取れる
＋
勤めている企業によって…
死亡退職金制度／見舞金制度／厚生年金基金／
職員年金制度等の福利厚生制度など
日本で暮らして
働けると
いうことも
保険のひとつ
いざとなれば私も
働いて稼げる！
それ以外のお金を保険でカバーすればいい

万一のときに頼れる「遺族年金」

万一の場合、残された家族に支払われるのは、なにも生命保険だけではありません。

私たちは、毎月**「社会保険料」**というもうひとつの保険料を国に納めています。

ですから、万一の場合**「遺族年金」**が支給されます。

それ以外に、お勤めになっている会社によっては、死亡退職金制度や見舞金の制度、厚生年金基金や、職員年金制度等の**福利厚生制度**を持っているところもあります。

一度よく調べてみる必要がありますね。

忘れがちな事実が保険になっている

さて、社会保険以上の保険がもうひとつあると、私は考えています。

★POINT★

保険金がもらえるのは生命保険だけではない。日本に住むメリットは大きい！

保険でカバーする部分はどのくらい？

【シミュレーション】
もしも夫に万が一のことが起こったら…

月給30万円
35歳の
サラリーマンの夫が
亡くなった場合

奥さん…30歳

子ども…３歳と１歳

奥さんに支払われる遺族年金の概算

上の子が18歳になるまでの15年間		その後下の子が18歳になるまでの２年間		その後奥さんが65歳になるまで
月額約14万円		月額約12万円		月額約８万円
12ヵ月×15年＝		12ヵ月×２年		12ヵ月×18年
2520万円	→	**288万円**	→	**1728万円**

総額約4500万円

年間100万円程度のパート代を稼ぐ→30年間で **約3000万円**

もし今万が一のことがあれば、１億円のお金が今後かかるとして…

年金4500万円＋パート収入3000万円＝7500万円

↓

残り2500万円分のリスクを生命保険でカバーすればいい

遺族年金については70ページも参照してください

それは、**日本人としてこの日本に生活しているということ**です。そして、なんといっても**働くことができる**ということです。

「何を言うんだ、この不景気なときに。働くところがなくて困っている人がたくさんいるじゃないか！」と思われるかもしれません。

もちろんそうです。

でも誤解を覚悟して言えば、この国ではその気になれば働くところはあるのではないかと思います。

当然、自分らしく働ける職場なのか、お給料が働きに見合っているのかとなると話は別ですが、**日本に住んでいる限り、パートやアルバイトをして多少なりともお金を稼ぐことはできるはず**です。

稼げる金額には、人によって違いがあります。ただ万が一ご主人が亡くなったとき、保険金で左団扇の生活というのも現実的ではないように思うのです。

こう考えるのが、建設的ですし、保険料の見直しにもつながりますよね。

もし、ここまで考えて生命保険を選んでいないとしたら、それは大きな問題です。

もしかすると**安心を買っているはずの保険で、お金を失っている**なんてことにつながるのです。

about Insurance
知らないとヤバイ
保険の話
5

★病気になったらお金がかかる 医療保険は入ったほうがいい？

健康保険もあわせて考えてみる

「いったい医療保険は、どんなものに、どのくらい加入していればいいのか？」と思っている方は多いようです。

保険会社のパンフレットには、1回の入院にかかった費用だとか、1日あたりに必要な入院日額などびっくりするような金額が表示されています。そんな金額は本当に必要なのでしょうか？

ここで、**健康保険**に登場してもらいましょう。健康保険とは、皆さんが持っている健康保険証の制度です。

健康保険には、病気やケガについて、大きく3つの保障があります。それは、**「療養の給付」「入院時食事療養費」「高額療養費」**の3つです。これはかなり強力な味方です。

しかし、入院に必要な費用は、医療費だけでしょうか？

健康保険からもらえるお金

療養の給付

自分で払う医療費は30%

健康保険が負担	自己負担

残り70%は保険料と税金からの財源が負担してくれる（70歳以上の一部の方を除く）

入院時食事療養費

自分で払う食事代上限は1食460円
（1ヵ月で4万2780円）

残りは入院時食事療養費として健康保険が負担する

高額療養費

1ヵ月の医療費が1000万円、自己負担が300万円とすると…

自己負担限度額は1ヵ月約17万7430円

（標準報酬月額28～50万円以下の場合）
（詳しい金額は22ページへ）

多数該当（診療を受けた月以前の1年間に3ヵ月以上の高額療養費の支給を受けた）の場合…

4ヵ月目からは4万4400円

食事代を合わせても、自己負担は22万円前後

かなりの部分を健康保険でカバーできる

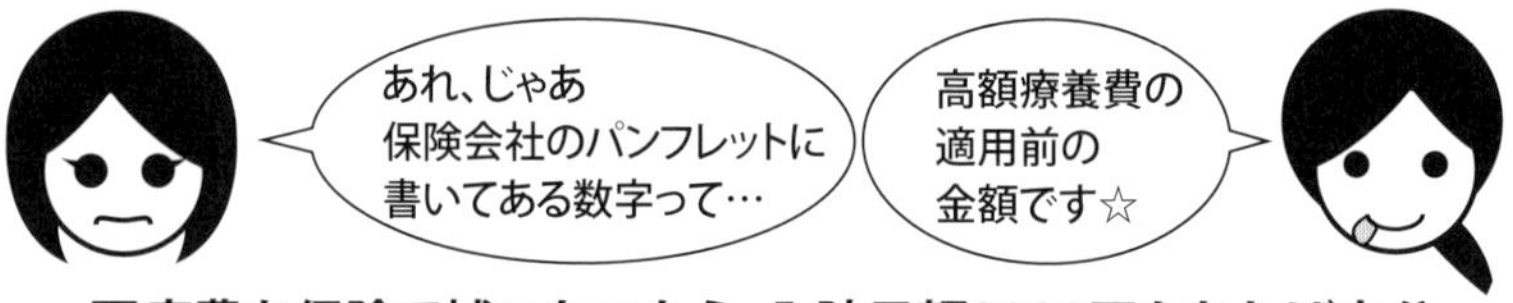
あれ、じゃあ
保険会社のパンフレットに
書いてある数字って…
高額療養費の
適用前の
金額です☆

医療費を保険で補いたいなら、入院日額8000円もあれば充分

★POINT★

医療費のカバーに加えて、収入減をカバーすることを考えて検討しよう。

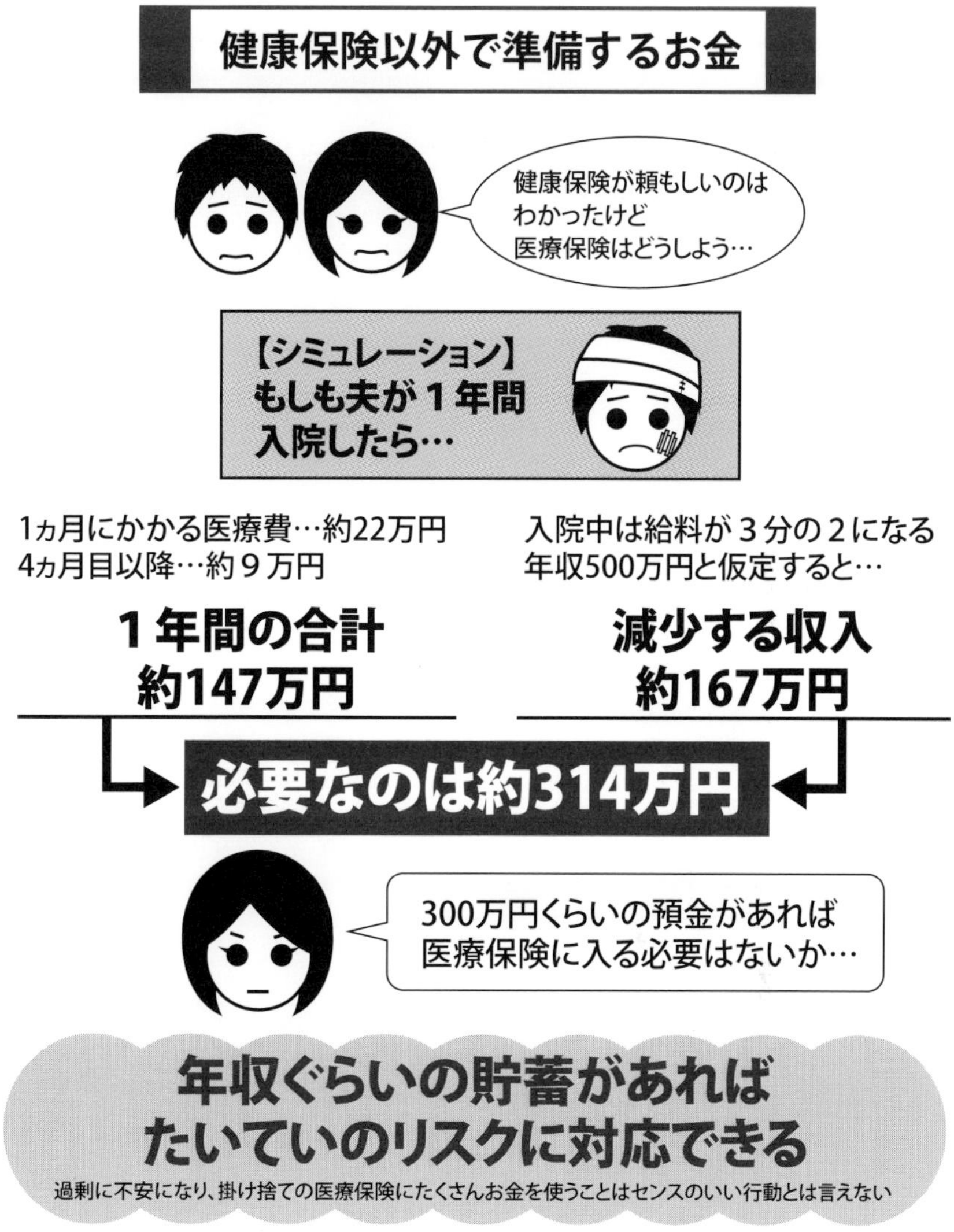
健康保険以外で準備するお金
健康保険が頼もしいのはわかったけど医療保険はどうしよう…
【シミュレーション】もしも夫が１年間入院したら…
1ヵ月にかかる医療費…約22万円
4ヵ月目以降…約９万円
１年間の合計 約147万円
入院中は給料が３分の２になる
年収500万円と仮定すると…
減少する収入 約167万円
必要なのは約314万円
300万円くらいの預金があれば医療保険に入る必要はないか…
年収ぐらいの貯蓄があればたいていのリスクに対応できる
過剰に不安になり、掛け捨ての医療保険にたくさんお金を使うことはセンスのいい行動とは言えない

入院中の収入減をカバーするには？

医療保険の目的の2つ目に、**「入院することによって失ってしまう収入の補填」**という考え方があります。

これは、サラリーマンや公務員、自営業など職業や勤務先によって違ってきますが、一般的に公務員や大企業にお勤めの方は、ほとんど気にする必要はありません。福利厚生が行き届いていて、入院によって給料がもらえなくなることはないからです。

問題は、入院によって給料が途切れる、中小企業のサラリーマンと自営業者です。

サラリーマンは入院した場合、大企業・中小企業問わず、4日目以降最長1年6ヵ月間、およそ給料（正確には標準報酬日額）の3分の2にあたる**「傷病手当金」**を社会保険からもらうことができます。

しかし、自営業者の方（国民健康保険）は、傷病手当金の支給はありません。ですから、入院すると無収入になる可能性があります。

そこまで考慮すると、中小企業にお勤めの方は入院日額7000円程度のものに、自営業者の方は入院日額1万円程度の医療保険への加入を検討してもいいかもしれません。

about Insurance
知らないとヤバイ
保険の話
6

★自分も患者になるかもしれない

がん保険に入るべき？

がんになる年齢と確率 両方をチェックしよう

「がん保険に入ったほうがいいですよね？」

こんな質問をよく受けます。

「男性の2人に1人が、女性の3人に1人が、がんになる時代」などという言葉だけが一人歩きしたせいでしょうか。

もともとこのフレーズは、「がん統計'08」の統計資料あたりが根拠になっているのでしょうが、この**統計資料というのが、実はとても微妙なもの**なのです。

間違いではないのですが、統計というのは常に更新され、時としてそれを利用する側の都合のいいところばかりが強調されるということがあります。

この統計も、最新データの全体をながめれば少し見え方が変わってきます。

生涯でがんになる確率は、かつては確かに男性の2人に1人、女性の3人に1人でした。

最新データ
https://ganjoho.jp/reg_stat/statistics/stat/summary.html

がんになる確率はどのくらいか

年代・性別 がんになる確率 白い枠は男性、ピンクの枠は女性（単位：%）

現在の年齢	10年後	20年後	30年後	40年後	50年後	60年後	70年後	80年後	生涯
0歳	0.0	0.0	0.1	0.2	0.5	2	6	14	25
	0.0	0.0	0.1	0.2	0.7	2	4	8	15
10歳	0.0	0.1	0.2	0.5	2	6	14		25
	0.0	0.1	0.2	0.7	2	4	8		15
20歳	0.0	0.1	0.5	2	6	14			25
	0.0	0.2	0.6	2	4	8			15
30歳	0.1	0.4	2	6	14				25
	0.1	0.6	2	4	8				15
40歳	0.3	2	6	14					25
	0.5	2	4	8					15
50歳	1	6	14						25
	1	4	8						15
60歳	5	13							24
	2	7							14
70歳	10								22
	4								12

人口動態統計（厚生労働省大臣官房統計情報部編）（2017年）より抜粋

この表から分かること

↓

日本人男性の4人に1人 女性の7人は がんになる

＋

がんになる確率が 上がってくるのは 男女ともに50歳から

「男性の4人に1人、女性の7人に1人はがんになる」は確かにそうだけど…
確率が高いのは50歳以降なんだ
その頃には子どもたちはもう大きくなってるね

★POINT★

若い頃にがんになる可能性は意外と低い。状況を正確に把握することが必要。

確率が低ければがんにかからない？

右の表をふまえて…

どう考える？

がんにならない確率の
方が高いなら
わざわざ保険なんかに
入らなくてもいいじゃん
もしかしたら自分が
39歳までにがんになる
0.1%のうちの
１人かもしれないなあ

決める前に、自分の周囲を見渡して

健康保険の支払いに問題はない？

親族の中にがん患者がいる？

もう結婚した？扶養家族はいる？

子どもは何人いる？まだ小さい？

いろんな項目をチェックする

・
・

みんなに共通するようなたったひとつの答えはない

↓

あらゆることを考慮して保険に入るかどうかを決める

しかし右上の表を見ると、現在は男性の４人に1人、女性の7人に1人になっているのです。しかもがんになる確率が上がるのは、男女ともにおおむね50歳以上となっています。

一番大事なのは情報を正確に把握すること

がんは怖い病気です。昔ほど不治の病ではなくなってきたものの、やはり死亡率の高い病気です。

その印象と、かつての「男性の2人に1人が、女性の3人に1人ががんになる時代」という部分のフレーズが重なって、**「もし、子どもが小さなうちに主人ががんになったらどうしよう」**などと不安になってしまうのは仕方のないことです。

でも、こうしてみると、子どもが一人前になる前に、がんになる確率はそこまで高くないということが分かります。

「それじゃあ、がん保険はいらないんだ!?」ということではありません。問題は、情報を正確に把握するということなのです。

最近は、なんにでも過剰に反応して極端に構える傾向があります。**一度落ち着いて全体をながめる**ことも必要なのです。

about Insurance
知らないとヤバイ
保険の話
7

★災害リスクはかなり大きい

損害保険に入るべき？

保険の種類と災害の補償内容

火災	水害	風・ひょう・雪

住宅総合保険…○	住宅総合保険…○※	住宅総合保険…○※
火災保険…○	火災保険…○	火災保険…○※

ガス爆発等の破裂・爆発	騒擾等による暴行・破壊	盗難

住宅総合保険…○	住宅総合保険…○	住宅総合保険…○
火災保険…○	火災保険…×	火災保険…×

※一部自己負担がある場合もあり

水災害の場合の注意点

保険金が支払われるのは…

- 保険の対象である建物が床上浸水または地盤面より 45 センチメートルを超える浸水となった場合
- 損害額が新築価格の15～30%以上の時

となっているものがほとんど

火災保険と地震保険でカバーできる範囲は

ここ数年、毎年のように自然災害が起こっています。**地震**だけでなく、台風による高潮や洪水などの**水災害**も人ごとでなくなってきました。もし、自然災害に見舞われてしまった場合、保険はどれぐらい役に立つのでしょうか？

自然災害から住まいを守る代表的な保険は、**火災保険**と**地震保険**です。

一般的に火災保険と呼ばれている保険には、住宅火災保険と住宅総合保険の2種類があり、補償の範囲が異なります。

つまり、住宅火災保険では、台風などによる風の災害は補償されますが、洪水や床上浸水などの水の災害は補償されません。

水災害までカバーしようとすると、住宅火災保険よりも補償範囲が広い**住宅総合保険**に加入する必要があります。

もちろんその分保険料も高くなります。しか

★POINT★

損害保険がカバーする内容はさまざま。
特に地震被害をカバーする際には要注意！

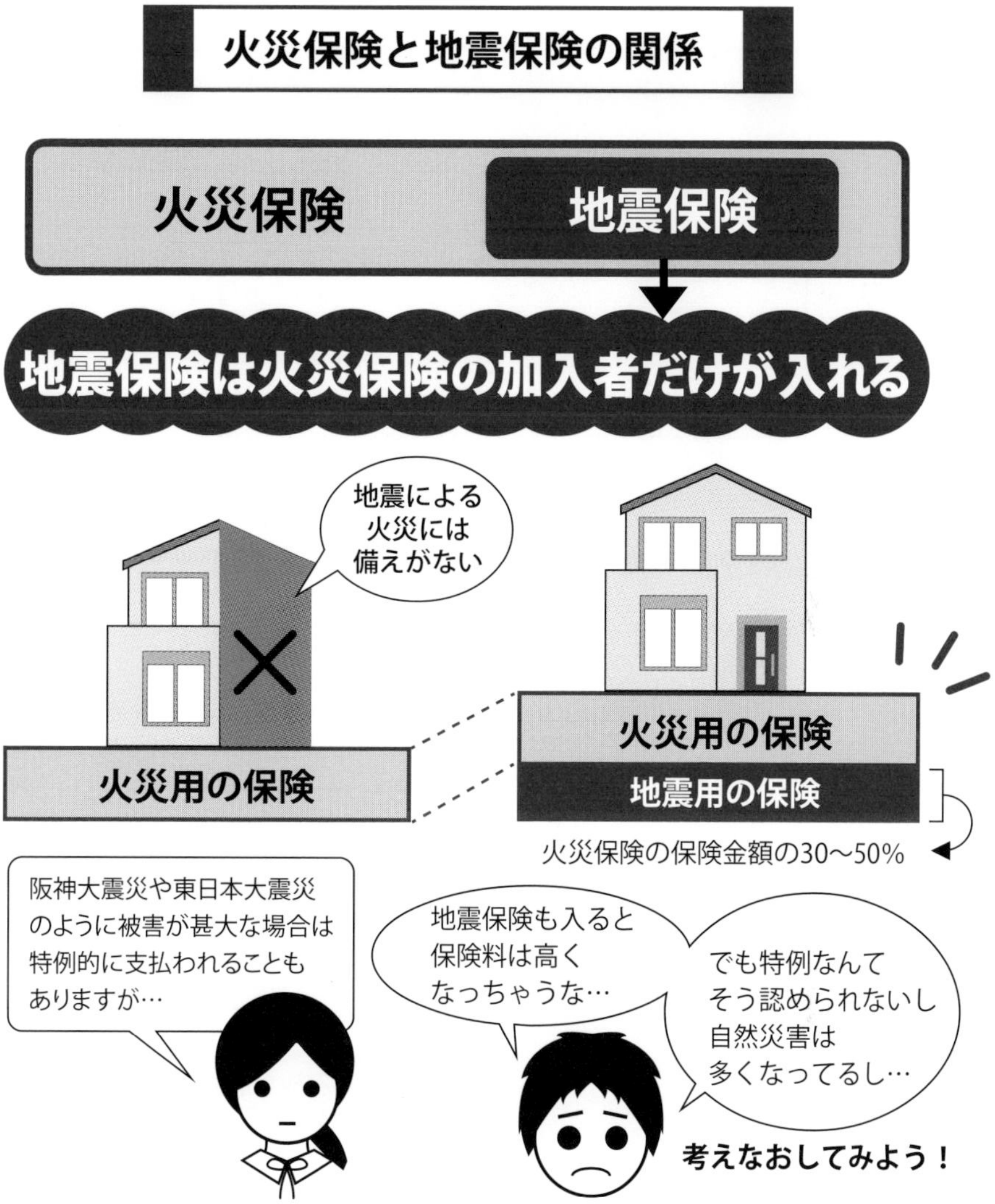
火災保険と地震保険の関係
火災保険
地震保険
地震保険は火災保険の加入者だけが入れる
地震による火災には備えがない
火災用の保険
火災用の保険
地震用の保険
火災保険の保険金額の30〜50%
阪神大震災や東日本大震災のように被害が甚大な場合は特例的に支払われることもありますが…
地震保険も入ると保険料は高くなっちゃうな…
でも特例なんてそう認められないし自然災害は多くなってるし…
考えなおしてみよう！

し、最近ではカバーしたいリスクだけ選択して加入できるタイプの商品も発売されているので、必要な補償だけを選択して加入し、保険料を抑えることも可能です（その場合でも火災・落雷・爆発破裂の基本補償は加入しないといけません）。

もっとも、水災害の補償をつけたからといって安心はできません。なぜなら保険金が支払われるのは、**保険の対象である建物が、床上浸水または地盤面より45センチメートルを超える浸水となった場合、もしくは損害額が新築価格の15～30％以上の時となっているケースがほとんど**だからです。

地震保険は単独では加入できない

地震保険は、それだけで加入することはできず、**火災保険に付帯してのみ加入できる保険**です。

保険金額は火災保険金額の30～50％に相当する金額の範囲内で、家が全壊した場合、そのすべてを補えるわけではありません。中には保険会社独自で地震保険で補いきれない残りを補償する商品もありますが、保険料が高いのが現実です。

about Insurance
知らないとヤバイ保険の話 8

★急に収入がなくなったらどうする？

働けないリスクにそなえる保険

平均入院日数の推移

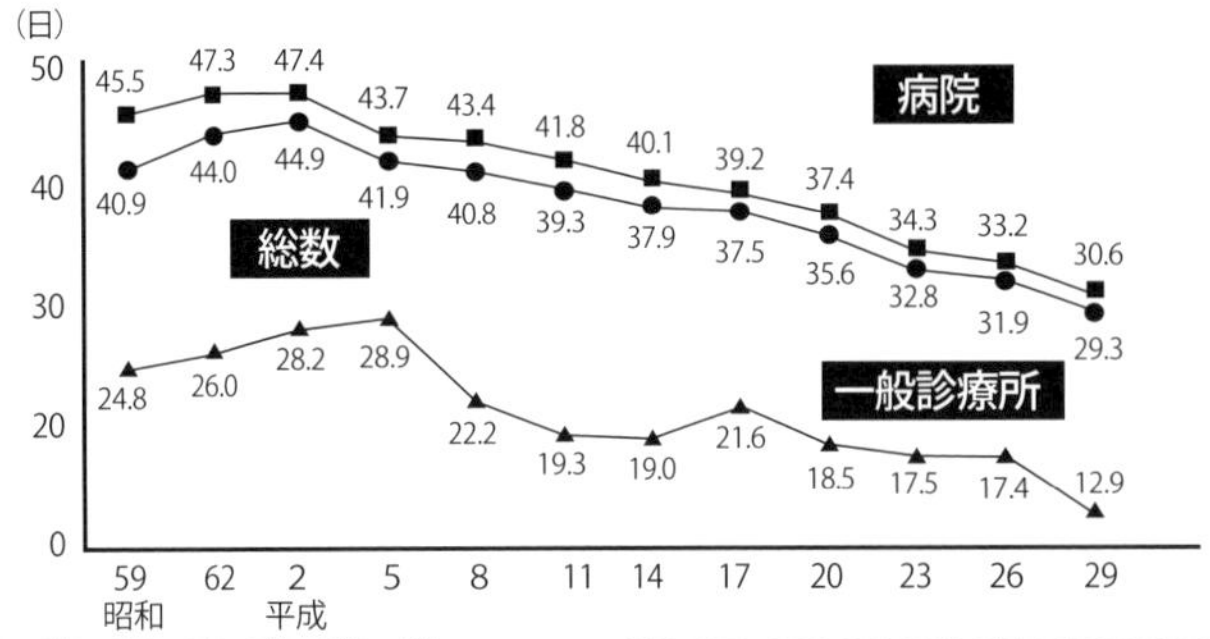

(日)
50
40
30
20
0
病院
45.5 47.3 47.4 43.7 43.4 41.8 40.1 39.2 37.4 34.3 33.2 30.6
総数
40.9 44.0 44.9 41.9 40.8 39.3 37.9 37.5 35.6 32.8 31.9 29.3
一般診療所
24.8 26.0 28.2 28.9 22.2 19.3 19.0 21.6 18.5 17.5 17.4 12.9
59 62 2 5 8 11 14 17 20 23 26 29
昭和
平成

入院日数は減っている → 「就業不能保険」が生まれる

「施設の種類別にみた退院患者の平均在院日数の年次推移」（厚生労働省・2019年）
1）各年９月１日～30日に退院した者を対象とした。
2）平成23年は、宮城県の石巻医療圏、気仙沼医療圏及び福島県を除いた数値である。

就業不能保険の特徴

支払対象外期間
多くの会社では30～180日
（選択できる場合もあり）

ポイント

給付月額
サラリーマンか自営業者か
によって異なる

給付月額を20万円に設定したら…

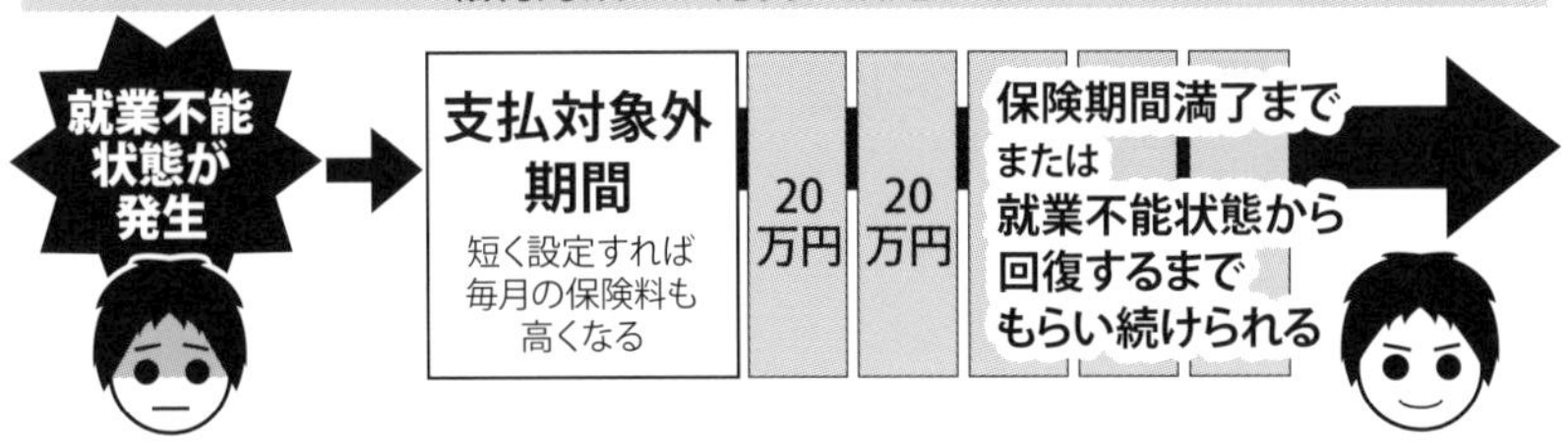

就業不能状態が発生
支払対象外期間
短く設定すれば毎月の保険料も高くなる
20万円
20万円
保険期間満了まで
または
就業不能状態から
回復するまで
もらい続けられる

社会の変化に対応した保険

　これまで、生命保険と言えば、死亡リスクに備える死亡保険、入院リスクに備える医療保険が一般的でした。

　最近ここに付け加えて**「就業不能保険」**というタイプの保険が注目を集めています。これはその名の通り、働けなくなった場合を保障する保険。つまり**亡くなってもいない、入院をしてもいない。という状態を保障する保険**です。どうして、この保険が注目されるようになったのでしょうか？

　その背景の1つに、**「入院日数の短期化」**があります。

　平成に入って、病院の平均入院日数は17日も短くなりました。その代わり通院しながら**自宅療養**となるケースが増えています。医療保険は「入院1日あたり○○円」という内容が一般的なので、退院した後の生活費をカバーしきれないという欠点があります。**自宅療養しながら、**

★POINT★

就業不能保険を利用する際には、「支払い対象外期間」に注意しよう。

働き方による保障のしかた

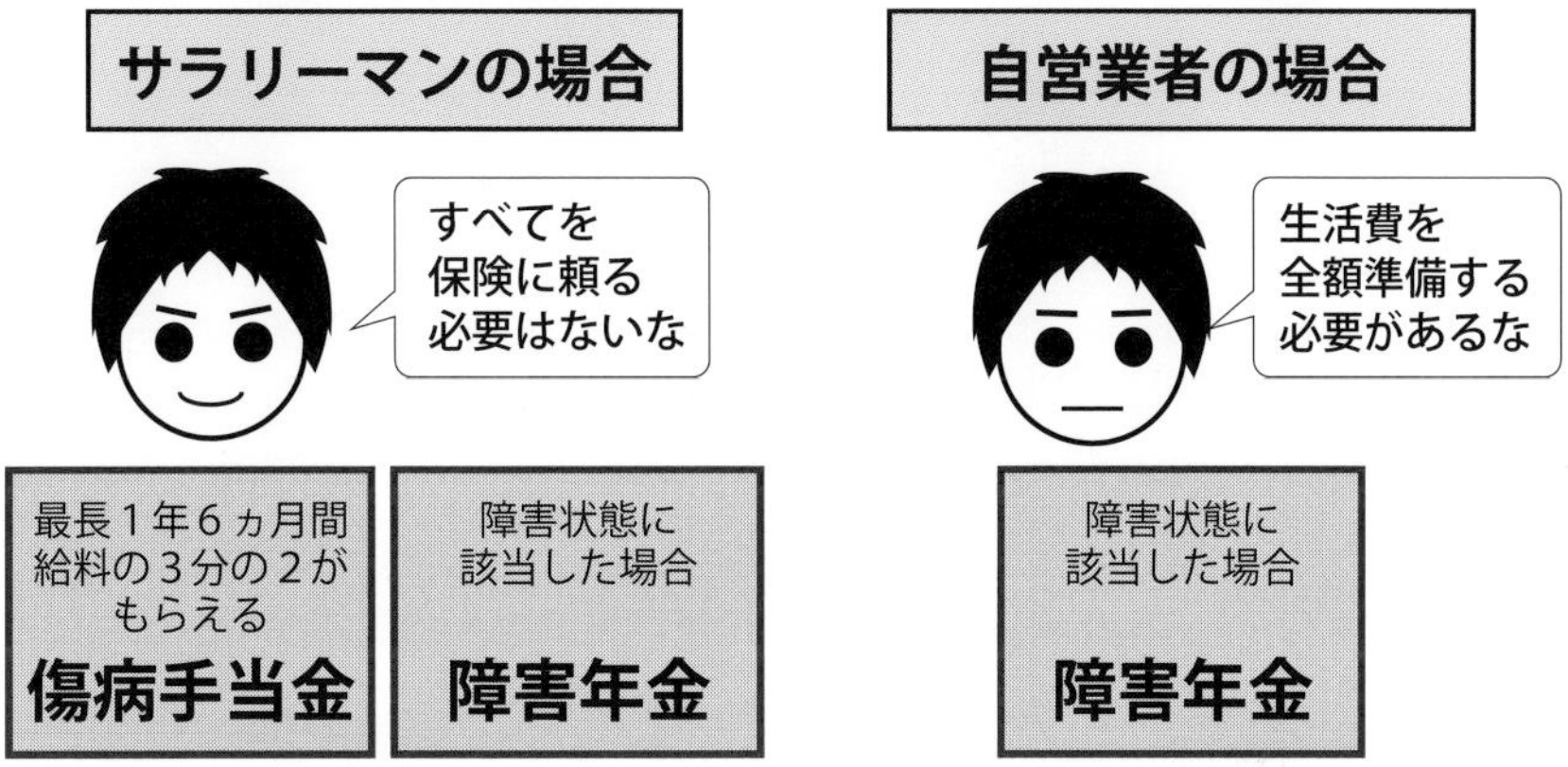
サラリーマンの場合
すべてを
保険に頼る
必要はないな
最長1年6ヵ月間
給料の3分の2が
もらえる
傷病手当金
障害状態に
該当した場合
障害年金
自営業者の場合
生活費を
全額準備する
必要があるな
障害状態に
該当した場合
障害年金

収入保障保険の利用例

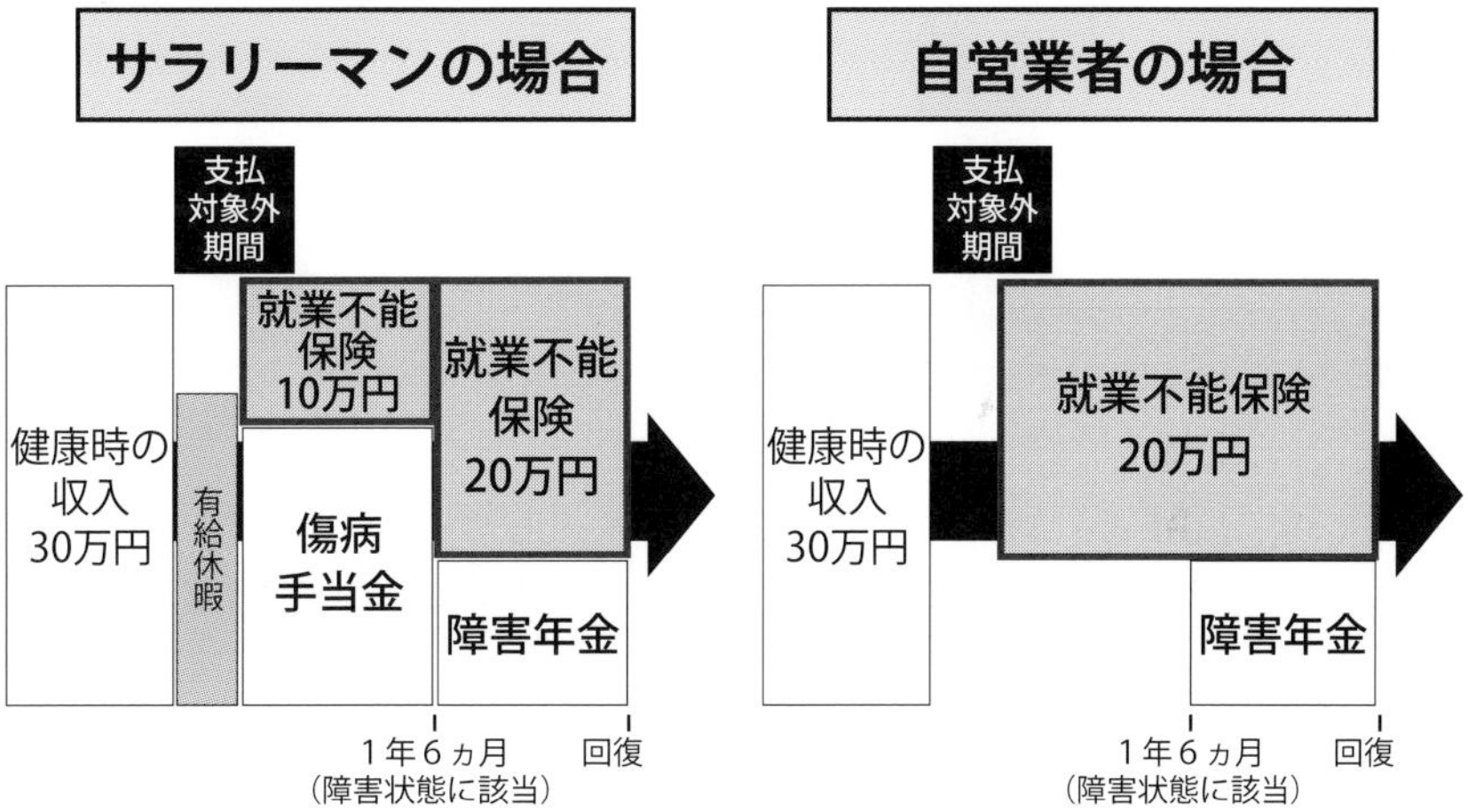
サラリーマンの場合
支払
対象外
期間
健康時の
収入
30万円
有給休暇
就業不能
保険
10万円
傷病
手当金
就業不能
保険
20万円
障害年金
1年6ヵ月
（障害状態に該当）
回復
自営業者の場合
支払
対象外
期間
健康時の
収入
30万円
就業不能保険
20万円
障害年金
1年6ヵ月
（障害状態に該当）
回復

病気やケガで長期間働けない状態の生活費をカバーするニーズが高まってきたのです。

いつから、いくらもらえる？

それでは、一般的な就業不能保険は、どんな内容なのでしょうか？

ポイントは、**「支払対象外期間」**と**「給付月額」**です。

このタイプの保険には、ほとんど「支払対象外期間」が設定されています。つまり働けなくなったとしてもすぐに給付金がもらえるわけではありません。当然、対象外期間を短く設定すれば、毎月の保険料も高くなります。

次に**「給付月額」**です。給付月額の考え方は、サラリーマンか自営業者かによって異なります。

サラリーマンであれば、療養期間中最長1年6ヵ月間は「傷病手当金」として、給料（正確には標準報酬月額）の3分の2が支払われます。また障害状態に該当した場合は、障害の程度に応じて「障害年金」が支払われます。ですので、自宅療養中だからといって、生活費の全額を「就業不能保険」で準備する必要はありません。

一方の自営業者は「傷病手当金」という制度がないため、障害状態に該当するまでの生活費を全額準備する必要があります。

●ミニ図解●

高額療養費を考えてみる

70歳未満の人の1ヵ月あたりの医療費の自己負担限度額は…

標準報酬月額 83万円以上の人

252,600円＋（総医療費−842,000円）×1%

標準報酬月額 53万〜79万円の人

167,400 円＋（総医療費−558,000円）×1%

標準報酬月額 28万〜50万円の人

80,100 円＋（総医療費−267,000円）×1%

標準報酬月額 26万円以下の人

57,600 円

低所得者（市区町村民税の非課税者等）

35,400 円

※総医療費…保険適用される診察費用の総額

【結論】

健康保険に入っている限り、意外と医療費はかからない。

★一般的な収入の人の場合、
1ヵ月入院しても、正味の自己負担額は約17.7万円。
それに食事代の自己負担が約４.3万円。
あわせても、22万円前後です。

2章 知らないとヤバイ家庭のためのお金の話

★人生の一大イベント 結婚にかかるお金

結婚費用と妻の年齢との関係

妻が若い方が招待客が多い

30代以上は夫婦のための出費が多い

妻の年齢	項目	金額・人数
24歳以下	挙式・披露宴・パーティなどの総額	**332.1**
	招待客人数	**60.8**
	新婚旅行	52.6
	ブライダルエステ	8.0
25～29歳	挙式・披露宴・パーティなどの総額	**392.7**
	招待客人数	**67.7**
	新婚旅行	65.3
	ブライダルエステ	8.9
30～34歳	挙式・披露宴・パーティなどの総額	373.4
	招待客人数	61.6
	新婚旅行	**68.6**
	ブライダルエステ	9.0
35歳以上	挙式・披露宴・パーティなどの総額	290.4
	招待客人数	44.2
	新婚旅行	**57.7**
	ブライダルエステ	7.6

（人／万円）

挙式費用は高止まりしている

２０１８年の調査では、「婚姻件数」が約59万組（厚生労働省 ２０１８年人口動態統計）だったのに対し、「結婚式件数」は約35万件（経済産業省 ２０１４年特定サービス産業実態調査）となっており、約半数近くのカップルが結婚式を挙げていないのが現状です。

しかし、いざ結婚式を挙げるとなれば、一時期に比べ総額費用は減少傾向だとはいえ、まだまだ高止まりしているのも事実です。

挙式費用の総額は妻の年齢が若いほど多くなります。

これは上の図をながめてみると原因が分かります。妻の年齢が若いほど挙式・披露宴・パーティなどの出席人数が多いからです。そして出席者が多くなれば、食事代やギフトの金額も必然的に増えるのです。

逆に、妻の年齢が高くなると、指輪・エステに新婚旅行など、自分たちに使うお金が増える

★POINT★

結婚にかかるお金は1人130万円程度。周囲の人の力を借りて幸せになろう！

結婚費用の変化と初婚の平均年齢

	総費用	男性の初婚平均年齢	女性の初婚平均年齢
2014年	446.1万円	31.0歳	29.4歳
2015年	482.2万円	31.0歳	29.4歳
2016年	500.4万円	31.4歳	29.4歳
2017年	484.2万円	31.4歳	29.4歳
2018年	488.0万円	31.4歳	29.4歳

（総費用：高止まり／女性の初婚平均年齢：高止まり）

※結婚情報誌『ゼクシィ』（リクルート発行）および総務省「人口動態統計特殊報告・婚姻に関する統計」より

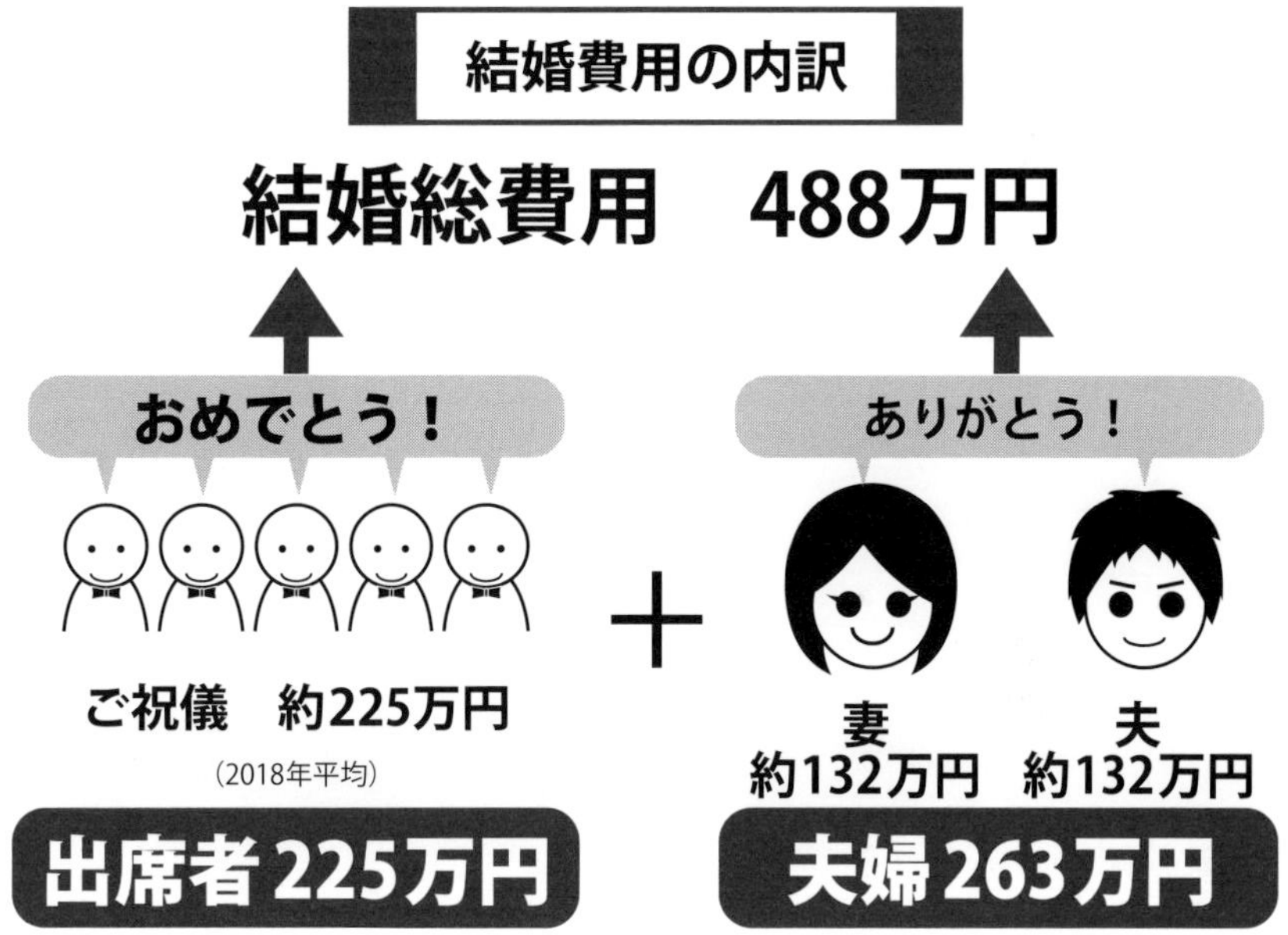

結婚費用の内訳
結婚総費用　488万円
おめでとう！
ありがとう！
ご祝儀　約225万円
(2018年平均)
出席者225万円
妻
約132万円
夫
約132万円
夫婦263万円

傾向にあります。

結婚費用の増加はこの先も進むと考えられます。そのもっとも大きな原因は、**晩婚化**です。

この20年で、初婚の平均年齢は約3歳も遅くなりました。「初婚の25%はできちゃった婚だ」と言われ、なおかつその大半が25歳未満だということを考えると、それ以外の結婚の年齢は大幅に高くなっていると予想できます。新郎・新婦ともに社会人期間が長い分、蓄えも多く、結婚にお金を使えるのでしょう。

みんなのご祝儀を味方にしよう

では、新婚夫婦は実際どのくらいのお金を使っているのでしょうか。**平均総費用は約488万円**。この数字に、世の男性は尻込みしてしまうかもしれません。

しかし心配はいりません。結婚式には**ご祝儀**がつきものです。

ご祝儀の平均金額は225万円。総費用488万円のうち225万円がご祝儀でまかなえるのであれば、差額は263万円。**夫婦2人で割り勘すると1人約132万円**となるわけですから、それほど無茶な金額ではありません。尻込みすることはないのです。

about Family
知らないとヤバイ
家庭のための
お金の話
2

出産にかかるお金・もらうお金

★昔にくらべて負担は激減

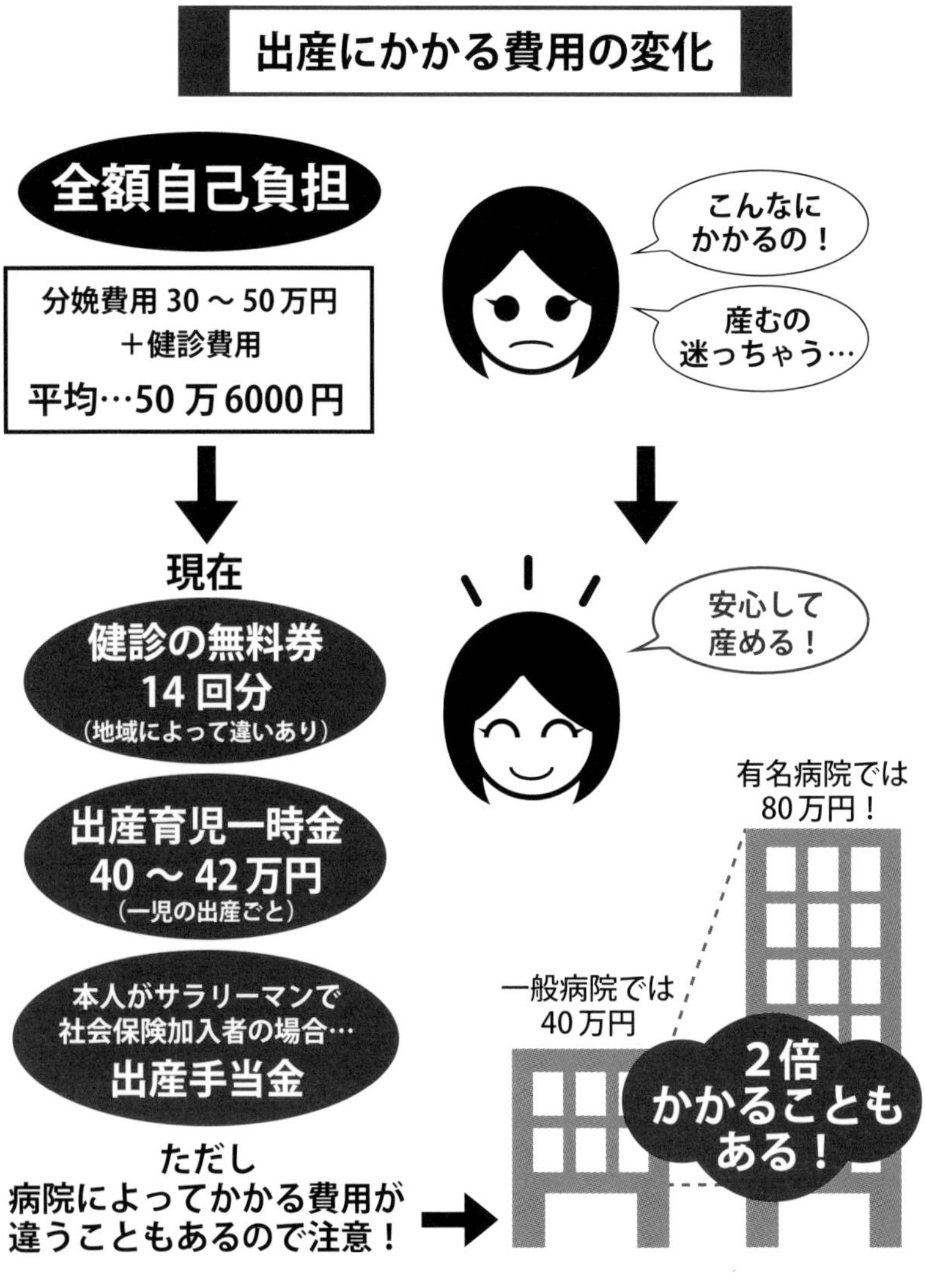

出産にかかる費用の変化
全額自己負担
分娩費用 30 ～ 50 万円
＋健診費用
平均…50 万 6000 円
こんなに
かかるの！
産むの
迷っちゃう…
現在
健診の無料券
14 回分
（地域によって違いあり）
出産育児一時金
40 ～ 42 万円
（一児の出産ごと）
本人がサラリーマンで
社会保険加入者の場合…
出産手当金
安心して
産める！
ただし
病院によってかかる費用が
違うこともあるので注意！
有名病院では
80 万円！
一般病院では
40 万円
2 倍
かかることも
ある！

出産にかかるお金と出産でもらえるお金

結婚の次の大イベントは、一般的には新しい家族、つまり子どもの誕生でしょう。**分娩の費用は、30万円から50万円の間**と言われていますが、有名な病院などで出産する場合は、その2倍の費用がかかるケースもあります。

またほとんどの場合、**退院のときに、42万円をオーバーした金額については支払うことが求められます。**

予定外の出費なんてことにならないように、分娩を予定している病院で、事前に金額の確認をしておく必要があるでしょう。

以前は、妊娠にかかる際の費用は全額自己負担でした。しかし、2009年度より、妊婦健診14回分については**「原則」全額公費負担**、つまりタダとなりました。

「原則」というのは、予算としては国から自治

★POINT★

1人産むのにかかるのは30～50万円程度。でも約40万円の一時金がもらえる。

出産～育児でもらえるお金

妊娠する

母子手帳を自治体に発行してもらう

健診の無料券
- 規定回数以上の健診や任意の検査などの費用は全額自己負担

産む

出産育児一時金
- 病院が産科医療補償制度に加入しているかどうかで額が違う
- 基本的に健康保険の加入者であれば誰でも受け取れる

出産手当金
- 1日につき標準報酬日額の3分の2に相当する額
- 健康保険の被保険者＋社会保険に加入している人が受け取れる

育てる

子どもの医療費助成 要注意！

東京都23区の場合	東京都多摩地区の場合
・中学生まで入院・通院ともに患者負担分を全額助成 ・所得制限なし	・中学生まで入院無料 ・通院は小学校就学前まで無料 中学生まで自己負担200円 ・所得制限あり

助成の中身が地域によって違う
同じ都道府県・市町村でも違う場合あり

体に配分されましたが、実現するかどうかは自治体の努力と判断によるためです。地域によって回数に差がある場合もあるので注意してください。

　母子手帳を自治体に発行してもらうと、一緒に**健診の無料券**がもらえます。

　それ以外にも**「出産育児一時金」**が支払われます。さらに、本人がサラリーマンで社会保険に加入している場合、**「出産手当金」**という制度を利用できます。

地域によって違う子どもの医療費助成に注意

　実は、**子どもの医療費の助成は、地域によってバラバラ**です。たった数キロ、たった一駅の違いで、受けられる助成の内容が違うかもしれません。

　また、医療費助成以上に、障害のある児童の受け入れ体制なども、自治体によって大きく異なります。例えば東京都と一口にいっても、23区と多摩地区では違いますし、所得制限がある場合もあります。

　新居探しや住宅購入のときなどは、ぜひ一度候補地の助成制度の内容を役所に問い合わせてみてください。

about
Family
知らないとヤバイ
家庭
のための
お金の話
3

★人を育てるのはラクじゃない

子どもの教育にかかるお金

子ども１人の教育にかかるお金

がんばるから
よろしくね

	国公立	私立
幼稚園	68万2117円	144万5385円
小学校	193万4173円	916万4628円
中学校	143万3090円	397万9521円
高校	135万1336円	310万9805円
大学	国立・自宅　539万3000円 国立・賃貸　902万5000円	私立文系・自宅　730万8000円 私立文系・賃貸　1094万円 私立理系・自宅　826万7000円 私立理系・賃貸　1189万9000円

ずっと国公立学校
＋自宅住まい
1人につき
約1080万円

ずっと私立学校
＋大学時代は理系・賃貸
1人につき
約2960万円

文部科学省「平成28年度子供の学習費調査」および「教育費負担の実態調査結果」（2019年3月）より

子育てには覚悟が必要

人生の中で、**実は教育費は、かなりかかります**。しかも、子どもの人数によっては、住宅費を抜いて教育費が人生の支出の1位になることもあるのです。

幼稚園・小学校・中学校・高校を公立に、大学を４年制の私立大学に下宿で行かせれば、教育費の合計は１人約１６００万円。２人で約３２００万円かかります。

もし全部私立なら、１人で３０００万円弱。２人なら……ですよね。

つまり、**教育費は、家庭によっては支出ランキング第１位になることが充分に考えられる**くらいかかるのです。

しかし、この教育費は、かなりの曲者《くせもの》です。

なぜなら、もし子どもが大学に進学せずに幼稚園から高校まで公立校に通ったら、５５０万円弱ですむからです。

大学に進学するかしないか、私立に行かせる

★POINT★

子ども1人に3000万円かかることもある。今後さらに増える可能性もある。

子どもをしっかり育てるために

これからは
やっぱり英語ね
子どもには
色々して
あげたい！
高校ぐらいで
留学させたいなぁ

しかし、かかる費用は右の通り。
だから…
子どもに教育費をかけるという覚悟を決めて

収入を増やす **支出を減らす**

今ある環境で、支出を最小化して収入を最大限にする!

学資保険にも要注意

Q.やっぱり入ったほうがいい？

子どもの
医療保険が
ついてるから
↓
子どもの医療助成制度は
ある程度整っている

俺が死んだら
教育費の援助が
もらえるから
↓
父親の生命保険で
リスクヘッジしてある

210万円払って、200万円の満期なんてケースが結構ある

A.得にならない学資保険に入らないように!

かどうかで随分と差が出てしまうのが、この教育費なのです。

だからと言って、簡単に減らせるかというと別問題ですよね。親として、子どもに「お金がないから大学には行くな」とはなかなか言えないものです。

ですから覚悟を決めて、**今ある環境で支出を最小化して収入を最大限にして**子どもの教育費にお金を投入するのです。

今後教育費はさらに増える？

今後世の中は、**教育費が増える方向に動いていく**のではないかと思っています。

例えば社内公用語を英語にしようという動きがあります。今は国際的な大企業に限られた動きですが、10年・20年後には中小企業も導入していくことが予測されます。

つまり、私たちの子どもは、英語でコミュニケーションできる能力がないと就職先の選択の幅が狭くなるのです。

こうした動きから考えると、高校か大学の頃に数年留学するという流れが加速してくるでしょう。そうすれば、**今の1・5倍**ぐらいの教育費を見込んでいても、そんなに大きく外れないのではないかと思うのです。

★買ったほうがいいとは言うけれど
住宅購入と賃貸、どっちが得？

家を購入したときのお金の動き

【条件】
借入金額　4000万円
35年返済
金利　1.5％（35年固定）
ボーナス返済　なし

↓

毎月の返済額	12万2473円
	（利息…1144万円）
管理費	1万5000円
修繕積立金	8000円
	計14万5473円

35年で6110万円

＋

保証料＋団体信用生命保険料　約100万円
修繕費＋固定資産税　約630万円

↓

35年で約6840万円

賃貸で毎月14万円の場合 =5880万円
35年後、960万円以上で売れれば賃貸よりお得だけど…

マイホームのほうが得って本当？

日本人の夢、マイホーム。実際のところ、どのくらいのお金がかかるのでしょう。

ほとんどの人は住宅ローンを利用して家を買います。よく「月々家賃を14万円払うぐらいなら、住宅ローンを14万円払うほうがいい」という話を耳にしますが、本当にそうなのでしょうか？

計算してみると上の図のようになります。

購入した家が35年後に９６０万円以上で売却できれば、購入したほうが賃貸よりもお得です。

しかし、築35年の家が９６０万円で売却できるでしょうか？　なかなか難しいことがお分かりいただけると思います。

よく「マイホームは資産になるから」と言う住宅営業マンがいますが、それは大間違いです。

高額のローンを組んで買ったマンションが、

★POINT★

購入と賃貸、費用的には同じくらい。「家とどう付き合うか」を考えるべし！

住宅購入のメリット・デメリット

sweet home
資産としての価値は低い
トータルでは賃貸より割高かもしれない
引っ越しがしにくい
固定資産税がかかる
修繕費が意外とかかる
でも…
ずっと夢見てた 俺 私 たちの家だ！
もし俺が死んでもローンはなくなるし家は残る
家族用の賃貸物件が少ない
家を使いやすくアレンジできる
子どもや老人が増えてもOK

老朽化のために半額以下でしか売れなかったり、ローンを払い終わったときには建物の耐用年数も残りわずか、というケースは少なくありません。

この国では住宅の資産価値は非常に低いのが現状なのです。

住宅購入のほうが優れているポイント

家族計画や収入予想など、さまざまな要素があるので、どんな家がいいかは家庭によって大きく違います。そのため、住宅購入と賃貸、どちらが優れているかも断言できません。

ただし住宅の購入には、お金には換算できない**安心感**や**充実感**が得られるというメリットがあります。

また、一般的に住宅ローンには、**団体信用生命保険**がついています。これは、ローン返済中に返済人が亡くなった場合、残りの額を保険会社が払ってくれるという保険です。住宅ローンの契約を結んだ翌日に死んでも**残された家族に家が残る**のです。

賃貸の場合はそのまま家賃を払い続けなくてはいけないので、この2点についてはマイホームのほうが優れているのです。

★頑張りすぎると地獄をみる

住宅ローン選びの重要ポイント

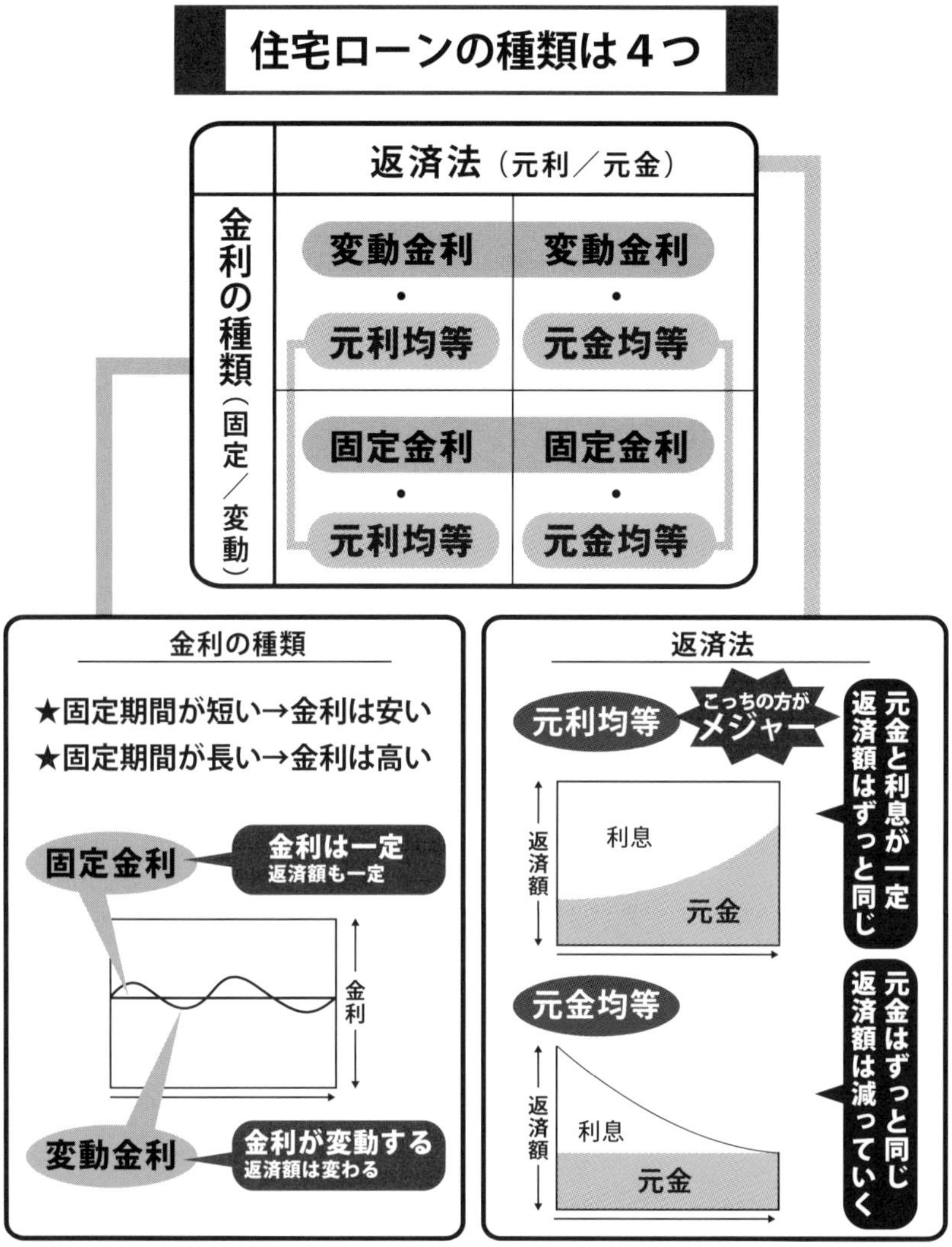
住宅ローンの種類は4つ
返済法（元利／元金）
金利の種類（固定／変動）
変動金利・元利均等
変動金利・元金均等
固定金利・元利均等
固定金利・元金均等
金利の種類
★固定期間が短い→金利は安い
★固定期間が長い→金利は高い
固定金利
金利は一定
返済額も一定
金利
変動金利
金利が変動する
返済額は変わる
返済法
元利均等
こっちの方がメジャー
元金と利息が一定
返済額はずっと同じ
返済額
利息
元金
元金均等
元金はずっと同じ
返済額は減っていく
返済額
利息
元金

住宅ローンは4種類

結婚して夫婦2人しかいないときはあまり気づかないのですが、**子どもが1人2人と増えてくると、手ごろな賃貸物件があまりない**というのが現状です。そのため、住宅を購入するパターンが多くなります。

とすればやはり住宅ローンについてきちんとした知識を持っておく必要があります。

住宅ローンは現在5～6000種類もあるため、すべてを検討して選ぶことはとても不可能です。

では、どうやって探せばいいのでしょうか？

実は**住宅ローンは、4つの種類に分けることができる**のです。

この4つの特徴さえ理解してしまえば、自分に合ったローンを見極めることができるということです。

ポイントは、**「元金均等返済」と「元利均等返済」の違いと、「変動金利」と「固定金利」**

★POINT★

ローンの支払いに苦しむことがないよう支払い額には余裕をもたせよう！

毎月の返済額はどうやって決める？
俺の実力なら毎月15万円の返済もできるはず！
銀行は5000万円貸せるって言ってる！
でも…
突然事故にあうかも
突然病気になるかも
ローン返済は長期間
リストラされるかも
会社が倒産するかも
不確定要素は多い
私も仕事したいけど子どもがいると…
子どもの教育費はちゃんとかけてあげたい…
その間、確実に家族を守れるか？
無理しない方がいいか
いくら借りられるか
いくらなら返していけるか
【著者のオススメ】
最低限年収の15%を貯蓄にまわせるように住宅ローンを組む

の違いです。

しかし、**どちらがお得かは、誰にも予測ができません。**どちらが得なのか損なのかは、将来の金利の動き次第なので、誰にも分からないのです。

「いくら借りられるか」より「いくらなら返していけるか」で考える

住宅ローンの相談の際、「いったい、今の自分はいくら借りることができるのか？」という質問を受けることが非常に多いです。

でも考えなければいけないのは、**「いくら借りられるか」より「いくらなら返していけるか」**です。

最近、**「住宅ローン難民」**が増えています。住宅ローンが返済できなくなり、ローンのかたとして住宅が差し押さえられてしまうのです。

住宅ローンは最長で35年も支払い続ける、**長い付き合いの金融商品**です。その間にどんなことが起こるか分かりません。しかも住宅はリスク資産です。売りたいと思ったときに売れるものではありません。

見通しを甘く考えず、厳しい予測をして、ローンの返済計画を立てるようにしてください。

★いつかは必ず来るその日

介護にかかるお金と時間

老人介護の現実

要介護状態となった場合の必要資金（月々）

平均：7.8万円

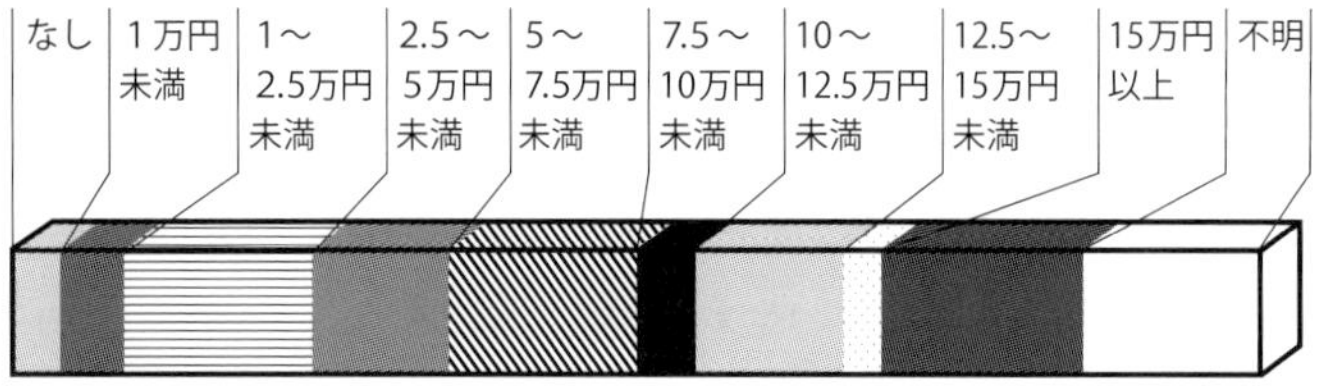
なし
1万円未満
1～2.5万円未満
2.5～5万円未満
5～7.5万円未満
7.5～10万円未満
10～12.5万円未満
12.5～15万円未満
15万円以上
不明

介護期間

平均：54.5ヵ月

この間は
パートも
できないかも

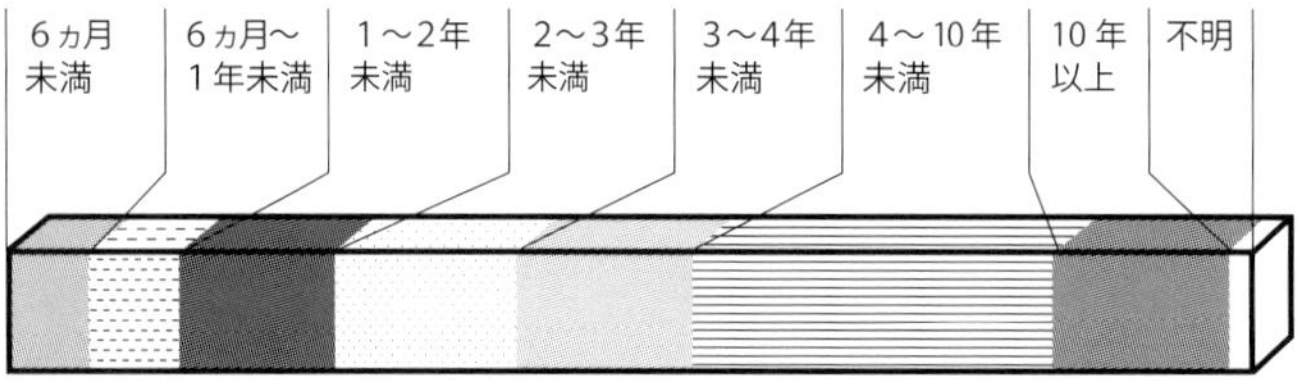
6ヵ月未満
6ヵ月～1年未満
1～2年未満
2～3年未満
3～4年未満
4～10年未満
10年以上
不明

※ともに生命保険文化センター「生命保険に関する全国実態調査」2018年

特別養護老人ホームを利用しようと思っても…

全国の待機者数は約29.5万人
入居条件は「要介護３以上」

希望通りには入れない

まだ先の問題？

若い方は、両親の介護と聞いても、まだピンとはこないかもしれませんね。

日本では、親の介護やお葬式の問題を口にするのをどこか「縁起が悪い」と避けてしまいがちですが、肉体的にも経済的にも深刻な問題です。**もし今、両親が介護状態になったらどうなるでしょうか？**

もちろんほったらかしにはできません。**家で介護するか、施設に預ける。**この2つの選択肢しかありません。

家で介護しようと思えば、人手がかかります。ホームヘルパーのサービスを利用したとしても、多くの時間を介護に費やさなければなりません。

施設に預ける場合はどうでしょう。これがなかなか受け入れ施設が見つからないのが現状です。

私のところに相談にみえる方の中でも、両親

★POINT★

介護はお金も時間もかかる。長期の問題なので早くから考えておいたほうがいい。

介護保険のしくみ

【基本】

受けたサービスの９割を国が負担・1割が自己負担

65歳以上	40～64歳
第１号被保険者	**第２号被保険者**
	法律の定める特定疾病を患った場合

要支援

要支援１	5万0030円	週２～３回のサービス
要支援２	10万4730円	週３～４回のサービス

要介護

要介護１	16万6920円	１日１回程度のサービス
要介護２	19万6160円	１日１～２回程度のサービス
要介護３	26万9310円	１日２回程度のサービス
要介護４	30万8060円	１日２～３回程度のサービス
要介護５	36万0650円	１日３～４回程度のサービス

利用できるサービス

- 訪問介護 ● 訪問看護
- 通所系サービス
- 夜間の巡回型訪問介護
- 短期入所
- 福祉用具貸与（車イスなど）等

※認定されていないサービスは全額自己負担（施設介護の場合も同じ）

実際には介護保険のサービス以外に相当な費用がかかる

の介護のために転職した人や、奥さんが仕事をやめた方がいます。

そして運よく施設に入れたとしても、待っているのは**お金の支払い**なのです。

介護の期間は長い

介護の特徴は、費用がかかることだけではありません。もうひとつ、**期間が長い**ことがあげられます。

生命保険文化センターの調査では、**介護期間の平均は54・5ヵ月**（約4年6ヵ月）にもなり、**その期間は年々延びていく傾向にあります。**

それもそのはず、この調査には、現在介護中の人の答えも入っているため、介護されている方が亡くならない限り、その年数は増えていくのです。

老人介護は、病気と違い、ほぼ治るということは期待できません。**一度介護状態になった場合は、亡くなるまでずっとその状態にある**わけです。

運よく施設に入所できた場合も、家で介護するより費用の負担が増えます。

どちらの場合でも、介護する私たちに少なからず経済的負担が必要になるケースがあるというわけです。

about Family
知らないとヤバイ家庭のためのお金の話 7

★本番の日は突然来る お葬式にかかるお金

人が死んだときにかかるお金

【葬儀費用】

お葬式の費用	約117.1万円
飲食の費用	約29.3万円
返礼品の費用	約31.8万円
合計額	約178.2万円

※株式会社鎌倉新書「第3回お葬式に関する全国調査」(2017年)より

＋

【お墓の関連費用】

墓地使用料(貸付のみ)4平方メートル	118万円
墓石代	162.7万円
お墓関連費用合計	280.7万円
年間管理費	3560円

※墓地使用料・年間管理費は都立八王子霊園(2019年公募)の例
※墓石代は一般社団法人・全国優良石材店の会「2018年版 お墓購入者全国アンケート調査」の全国平均値

＝

合計約460万円(＋仏壇・法要法事)

お葬式にはお金がかかる

長い介護が終わると、次に来るのがお葬式です。最近では一昔前に比べて、身内だけ、家族だけという形態のお葬式も増えてきたため、数年前に比べると平均費用は20万円以上減少しましたが、葬儀業者や葬儀施設を利用する関係で、まだお金はかかります。

しかも、人が亡くなったときにかかる費用は、お葬式の費用だけではありません。

家のお墓がない場合は、**墓地の購入**から**墓石のお金**までかかってきます。

墓石の費用は、デザインによってもさまざまですが、全国平均で160万円以上と、お葬式とかわらない金額が必要です。

こちらも、最近では納骨堂や樹木葬、散骨や合葬墓などと選択肢が増え、それにより費用も何百万円から数万円まで幅が広いですが、共通しているのは、どちらもまだまだお金がかかるということです。

★POINT★

香典だけではお葬式はまかなえない。親とはちゃんと話し合っておこう。

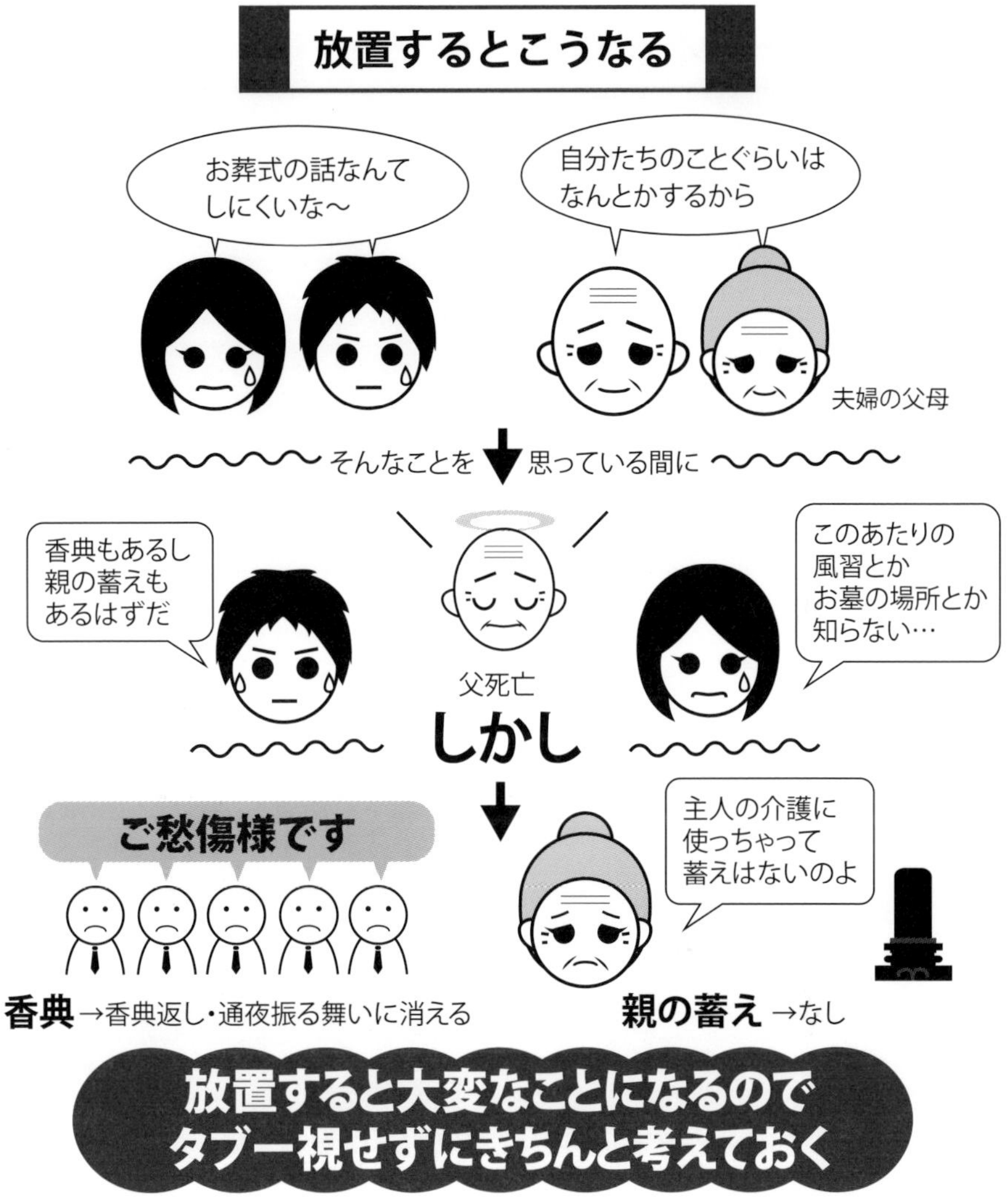
放置するとこうなる
お葬式の話なんてしにくいな～
自分たちのことぐらいはなんとかするから
夫婦の父母
そんなことを 思っている間に
香典もあるし親の蓄えもあるはずだ
父死亡
このあたりの風習とかお墓の場所とか知らない…
しかし
ご愁傷様です
主人の介護に使っちゃって蓄えはないのよ
香典 →香典返し・通夜振る舞いに消える
親の蓄え →なし
放置すると大変なことになるので
タブー視せずにきちんと考えておく

しっかり話し合っておくことが大事

お葬式や納骨などの選択肢が増え、どんどん小規模化していく反面、両親が万が一の場合に、相談できる相手がいないという問題も増えてきました。

昔であれば、万が一の場合、お世話焼きの親戚や近所の人が相談に乗ってくれることも多かったのですが、そういうつながりが少なくなってきたからです。

だからこそ、**両親が健全なうちに**「どんなお葬式をしたいのか」「お葬式には誰を呼びたいのか」「どんなところに納骨したいのか」などを**話し合っておく必要があります。**

もちろん費用についても同様です。お葬式が小規模になり参列者が少なくなることで、香典も少なくなります。

お葬式にかかる費用が少なくなっても自己負担が多くなることもあります。

平均寿命が延び、老後の生活が長くなるにつれ生活費で一杯一杯でそこまで準備できないという両親も増えてきました。

「お葬式やお墓のお金は親が残してくれているだろう」と思わず、大人と大人の会話で本音で語り合っておく必要があります。

★「自分は無縁」と思ったら大間違い

遺産がなくても相続はもめる

大事なのはお葬式の後
相続に関する２つの問題
財産の有無に関わらず、人が亡くなれば必ず相続は発生する
相続時に発生する税金
相続税
遺産をどのように相続するか
遺産相続
相続税を支払わなくてはいけないケースは
全体の８．３％
相続税の基礎控除（税金のかかる財産から差し引ける金額）
↓
3000万円＋（法定相続人×600万円）
【例】４人家族（父・母・自分・弟）の場合
父が亡くなった場合
法定相続人は３人 →
3000万円＋（3人×600万円）＝4800万円
が、相続税のかかる財産から差し引ける
かなりの財産がなければ相続税はかからない
数少ない人が高額の相続税を支払っている
被相続人１人あたりの税額…1807万円
合計課税額に対する納付税額の割合…12.9%
相続税の課税があった被相続人の割合…8.3%
（2017年）
うれしいような
かなしいような

死にまつわるお金と税金の話

ここでお話をしておかなくてはいけない深いテーマがあります。

それは、**相続**についてです。

タブー視されてしまいがちですが、かなり重要な話であることは言うまでもありません。「ドラマの中のこと」とは思わず、正確な知識をつける必要があるのです。

相続の問題は、大きく「遺産をどのように相続するか」、つまり**遺産相続**と、「相続時に発生する税金」、つまり**相続税**の２つに分けることができます。

ほとんどの人は相続税を払わなくていい

財務省の資料によると、相続税の１人当たりの納税額の平均はなんと１８０７万円。といっ

★POINT★

相続はもめると思っておいたほうがいい。
相続税は払わなくていい可能性が高い。

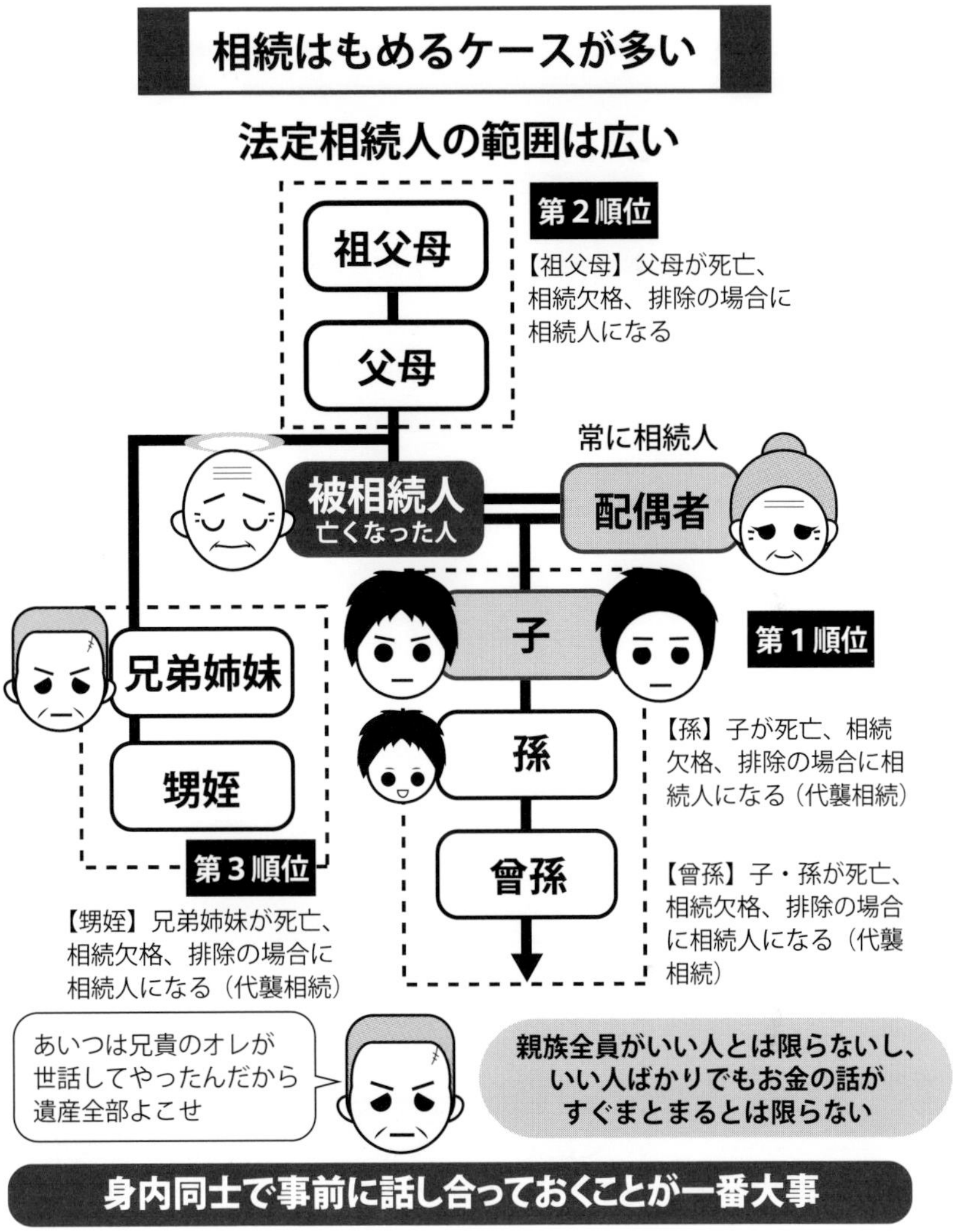
相続はもめるケースが多い
法定相続人の範囲は広い
第2順位
祖父母
【祖父母】父母が死亡、相続欠格、排除の場合に相続人になる
父母
常に相続人
被相続人
亡くなった人
配偶者
子
第1順位
兄弟姉妹
孫
【孫】子が死亡、相続欠格、排除の場合に相続人になる（代襲相続）
甥姪
第3順位
曾孫
【曾孫】子・孫が死亡、相続欠格、排除の場合に相続人になる（代襲相続）
【甥姪】兄弟姉妹が死亡、相続欠格、排除の場合に相続人になる（代襲相続）
あいつは兄貴のオレが世話してやったんだから遺産全部よこせ
親族全員がいい人とは限らないし、いい人ばかりでもお金の話がすぐまとまるとは限らない
身内同士で事前に話し合っておくことが一番大事

ても実は、**相続税を支払わなくてはいけないケースは、全体の8・3%**しかないのです。なぜなら、相続税の**「基礎控除」**がとても大きいからです。

もちろん、財産には現金預金以外に、不動産（土地・建物）も含まれるので、土地等の値段によっては安心できない場合もありますから、気をつけてください。

お金がなくても相続はもめる

亡くなった人がいる以上、残された財産は誰かが相続しなくてはいけません。

この話をすると、「いやあ、我が家は、そんなに財産がないからもめることはありませんよ」という人がいるのですが、そんなことはありません。

お金がなくても、いや分ける財産が少ないほど、相続はもめるケースが多いのです。

身内同士が争うことはあまり気持ちのいいものではありませんが、身内だからこそ、争いだすと引くに引けないということもあるのでしょう。

争いを回避するひとつの手段として、**遺言書**を書いておくことも最近では多いです。

★もうけたいけどちょっとこわい 投資はしたほうがいいの？

銀行員の言葉をどう聞くか

預金の預け替えをしにきた顧客に対して…
自分だけ損するのはいやだな
使う予定のないお金なら定期預金よりも投資信託がおススメですよ
資産運用のプロが作った商品を購入するだけです！
みんなやってますよ
顧客
銀行員
彼の言葉は 本当なのか？
銀行員さんの言うことだから間違いないだろうしお願いしようか…
でもその前に自分でも調べてみよう
調べてみた 結果は…
投資信託→手数料を取られる＋損をすることがある
銀行は保険会社や証券会社の代理店をしているだけ
販売手数料がとても大事
私もサラリーマンだから自分の成績が大事なんですよ
リスクは一応説明されるけど長期になるんだから気をつけよう
どんなリスクがあるか自分でしっかり理解してから購入しよう

預金よりいいってホント？

「資産運用はしたほうがいいですか？」という質問が最近増えてきました。

どちらかと言えば、〝積極的にお金を増やしたい〟というより、〝資産運用しないで、自分だけ損をするのは嫌だ〟というニュアンスのほうが強いようです。

それだけ、資産運用という言葉が一般化したということでしょう。

その理由のひとつは、どうやら銀行・郵便局（ゆうちょ銀行）などが、１００万円や２００万円というまとまった預金がある客に対して、定期預金よりも投資信託を勧めることのようです。

しかし、**本当に資産運用をしたほうがいいのでしょうか？**

問題はこの部分なのです。

どうも日本人には、〝銀行が勧めるものは大丈夫〟という思い込みがあるようです。

★POINT★

投資にはリスクがつきもの。投資するかどうかはリスクを理解してから決めよう。

リスクってなに？

資産運用の世界でいう「リスク」は、価格やパフォーマンスのバラツキのこと

1年に最低30個収穫できないと
元本割れになってしまう
りんごの木に
投資してみる

今年は50個収穫できた

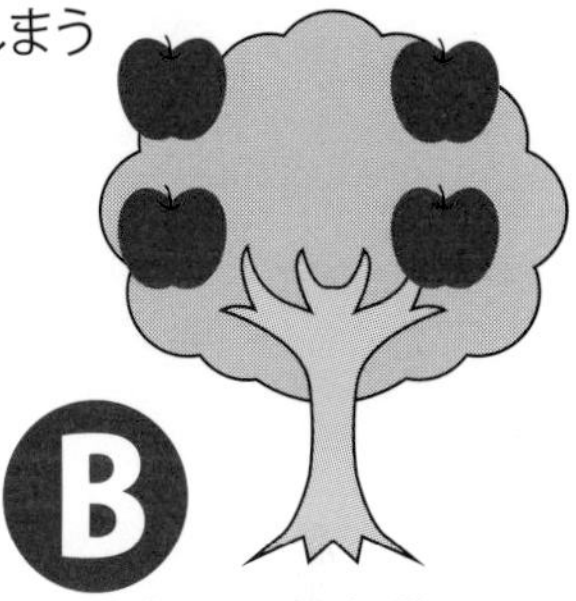

今年は35個収穫できた

AとB、どちらがリスクが高い？

1年間の実績を見ただけではわからない

A	1年前50個 2年前35個	3年前 5個 4年前35個
B	1年前35個 2年前35個	3年前35個 4年前35個

Bのほうがリスクが小さい

予想より運用成績が悪くても良すぎても
バラツキが大きいということでリスクが高いということになる

投資の世界の「リスク」を正しく理解しよう

しかし、そんなことはまったくありません。**銀行はしょせん、保険会社や証券会社の代理店をしているに過ぎない**のです。

販売手数料を稼ぐために勧めているのであって、何も皆さんの幸せを考えているわけではないことをよく理解しましょう。

運用はリスクを理解してから始めよう

資産運用と一言でいっても、株式投資もあれば、不動産（土地やマンション）投資もあります。先物取引もあるし、為替取引もあります。詳しくは次のページをご覧ください。

こういう話をすると、「それじゃあ、何が一番いいのですか？」と聞きたくなる人もいると思いますが、そんな単純なものではありません。

結論から言えば、**「どんな方法をとっても必ずリスクがある」「これが絶対に一番という方法はない」**というのが資産運用の基本です。

だから大切なのは、**「どの運用方法はどんなリスクがあるのか？」を正しく理解すること**です。

なお、投資の世界において「リスク」とは単純に「危険」を意味するわけではありません。

上の図を参考に考えてみてください。

★リスクを覚悟でのぞむべし

いろんな運用のしかたがある

いろいろな投資法

投資信託

みんなが持ち寄ったお金を使いプロが分散投資をする

デメリット
●運用手数料と信託報酬がかかる
●中身が多様でしっかり確認するのが難しい

メリット
●数万円などの少額から始められる
●銀行や郵便局など、購入の窓口が多い

POINT 手数料がポイント

株式投資

上場企業が発行している株式を市場で取引する

デメリット
●取引金額単位が高い
●色々組み合わせて購入して、リスク分散しなければならない

メリット
●インターネットで簡単に取引ができる
●株価がリアルタイムで確認できる

POINT 浮き沈みが激しい

FX

外国通貨を「証拠金取引」で売買して利益を出す

デメリット
●お金を持っていなくても取引できる分、失敗した時の傷がとても深くなる

メリット
●手持ちの額の何十倍もの取引ができる
●スワップポイント（金利差分の利息）がもらえる

POINT 損得の幅が大きい

外貨預金

通貨を安く買って高く売り、為替差益を狙う

デメリット
●1000万円以下でもペイオフの対象にならない
●経済・政治の動向次第で暴落する通貨もある

メリット
●外国通貨の高金利のメリットを受けられる
●円に万が一のことがあった時も大丈夫

POINT 手数料がポイント

運用の基本は分散投資

資産運用の方法は色々ありますが、この中からひとつだけを選ぶ必要はありません。運用の基本は**分散投資**です。色々な投資の本を読んでも、これは明白です。では、どんなふうに分散すればいいのか？

世の中には、さまざまな組み合わせの商品があります。そのひとつが先ほども書いた投資信託なのですが、実はこれについてはある程度結論が出ています。

それは、**〝どんな優秀なファンドマネージャーがつくった商品も、市場の平均に勝つことは難しい〟**ということです。プロが投資にふさわしい株や債券を選りすぐって組み合わせた投資信託でさえ、結局は、市場に出ている全銘柄を少しずつ全部買って出たときの利益を超えることはできないのです。

一時的に高成績を残すファンド（投資信託）はあります。しかし、それは短期的なもので、

★POINT★

運用方法はどれも危険。ただし分散すればリスクを減らすことができる。

いろいろな投資法

不動産

土地の売買や、賃貸の家賃で利益を得る

デメリット	メリット
●取引の単価がとても高い ●固定資産税や不動産管理費用などのコストがかかる	●安く買って高く売れれば利益が手に入る ●貸し出せば毎月の家賃収入が入ってくる

POINT 堅実だけど難しい

国債

国が発行する債券を購入し利息をつけて返してもらう

デメリット	メリット
●安全な分、リターンが少ない ●一度購入すると一定期間換金できない・できても手数料が必要	●元本が国家によって保証されているので安全 ●個人向け国債という利用しやすいものもある

POINT 安全でもうからない

投資で一番大事なポイント

この中のひとつだけを選ばず、いくつかに分散して投資をすること!

商品先物取引

金や大豆・原油などの商品に先物の形で投資する

デメリット	メリット
●証拠金取引なので、失敗したときの損失が巨大になる	●貴金属・穀物・原油など色々な商品に投資できる ●値上がりした時の利益が巨大

POINT ほとんどギャンブル

最終的には市場平均に落ち着いてくるのです。

市場では、世界中の金融エリートがしのぎをけずっています。**プロでさえ、利益を出すことは簡単ではありません。**

そんな中で、素人がブームに乗せられて金融商品を購入するのはとても危険だということはお分かりいただけると思います。

勉強のつもりで運用する分には、大いにやっていただいて結構です。物事の特性を知っておくのは大切なことです。

しかし、家計が危機に陥るようではいけません。悪徳商品に引っかからないためにも、世の中にある代表的な資産運用について、特徴やリスクを上にまとめたので参考にしてください。

投資は危険なもの

「**どれも危険じゃないか**」という声が聞こえてきそうですが、**その通り**です。

何度も言いますが、資産運用にはどうしてもギャンブル性があります。負けが込めば込むほど、どんと一発大勝負で負けを埋めたいと考えてしまいがちです。

現実にそうして身を滅ぼした人も多いことを理解した上でご利用ください。**そんな簡単なもうけ話は世の中にない**のです。

★つみたてNISAでお得に投資ができる
非課税でできる投資がある

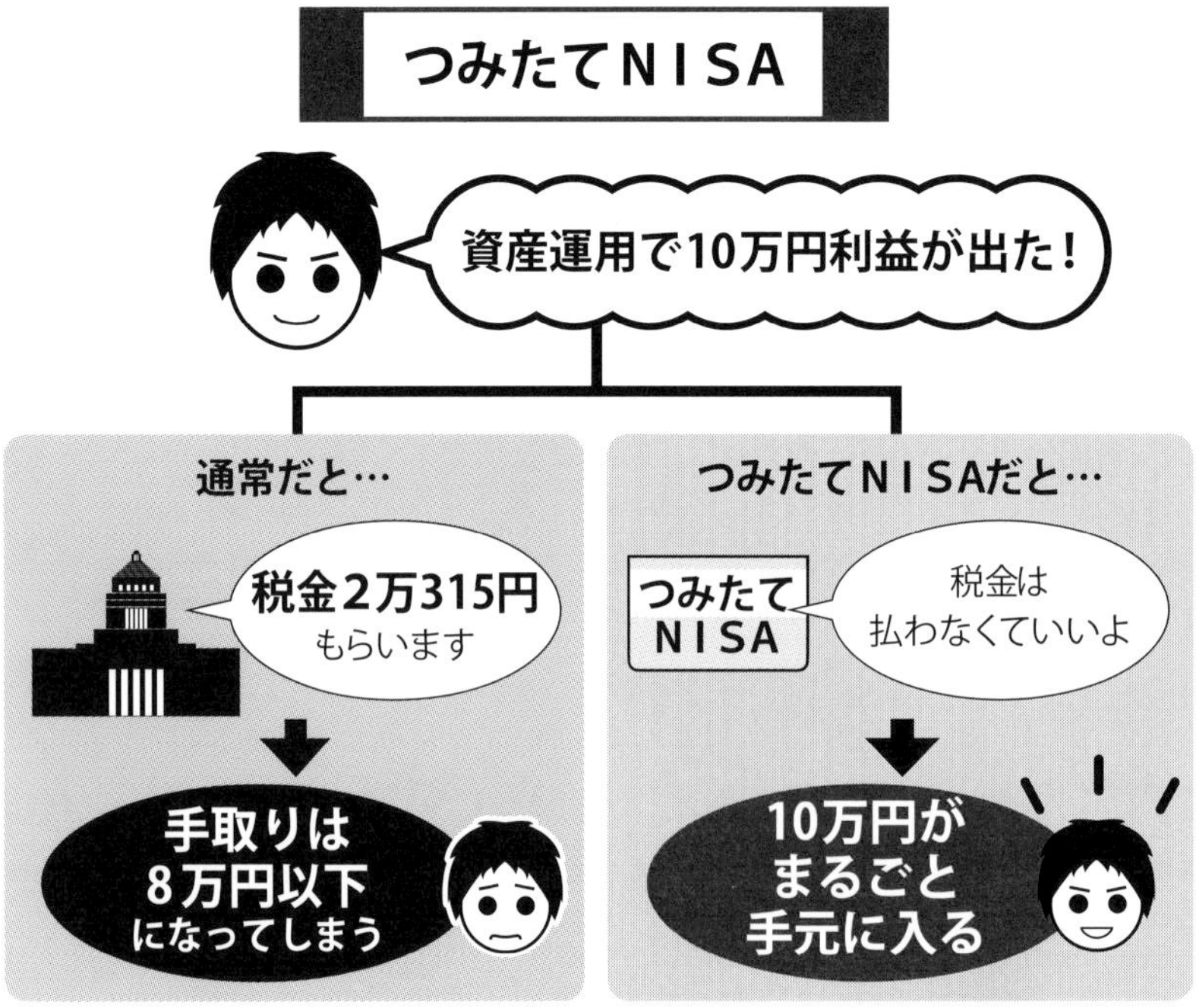
つみたてNISA
資産運用で10万円利益が出た！
通常だと…
税金2万315円
もらいます
手取りは
8万円以下
になってしまう
つみたてNISAだと…
つみたて
NISA
税金は
払わなくていいよ
10万円が
まるごと
手元に入る

つみたてNISAの利用条件

- 日本に住む20歳以上の人
- 1人1口座のみ
- 新規投資額毎年40万円まで
- 最長20年間利用可能
- 2037年まで投資可能

利用できるのは「つみたてNISA」と「一般NISA」のどちらか一方のみ

非課税というメリット

「最近よく耳にするけれど、よく意味が分からない」。そんな方も多いかもしれません。

ＮＩＳＡは２０１４年に国が、証券市場の活性化の為に導入した制度です。

現在、一般ＮＩＳＡ、ジュニアＮＩＳＡ、つみたてＮＩＳＡ（２０１８年に追加）の３種類があります。

その特長は何と言っても、**非課税口座**であることです。

通常は、株や投資信託の利益に対して20・３１５％の税金がかかります。つまり、投資して10万円の利益が出たとしても、２万３１５円の税金を払わなくてはいけません。

これが、**ＮＩＳＡ口座で利益が出た場合は、０円。税金を支払わなくてもいいのです。**これは大きなメリットです。

そのメリットを受けるには、少し制度を理解する必要があります。

★POINT★

つみたてＮＩＳＡ口座を利用すれば利益は同じでも手元に残る額が増える。

つみたてNISAで投資できる商品

投資できるのは 長期の積立・分散投資に適した一定の投資信託です

一定とは…

- 販売手数料ゼロ
- 信託報酬は一定水準以下
- 信託契約期間が無期限または20年以内
- 分散頻度が毎月でない
- デリバティブ取引を行っていない（ヘッジ目的の場合は可能）
- 顧客が１年間に負担した信託報酬の概算額を通知する

金融庁がチェックしてるんだな

NISAのデメリット

通常の口座だと…

A証券（特定口座）
B証券（特定口座）
+30万円
−30万円

+30万円−30万円=０円と通算損益できるので

税金はかからない

つみたてNISAだと…

A証券（特定口座）
B証券（NISA口座）
+30万円
−30万円

実際の利益はゼロだけど通算損益できないので

６万945円の税金がかかる

特定口座…株式売買等による１年間の損益を計算してもらえる口座

２０１８年に導入された、つみたてＮＩＳＡでは、口座はもちろん１人１口座しか開設することはできません。

毎年新規で投資できる金額の上限は40万円で非課税期間は20年間というのがルールです。

ポイントは**ＮＩＳＡかつみたてＮＩＳＡのどちらかしか選択できない**という点です。

ＮＩＳＡは、新規投資額が年間で１２０万円と金額枠は大きいのですが、２０２３年までと決まっているので、今から始める人は、つみたてＮＩＳＡのほうが結果的には非課税枠が大きくなります。

損益通算はできない

しかし、デメリットもあります。

通常の株や投資信託の運用の場合は、その年Ａという特定口座で30万円利益が出て、Ｂという特定口座で損失が出た場合、利益30万円と損失30万円で差し引き０円ですから税金はかかりません。しかしＮＩＳＡ口座ではそれができないのです（ＮＩＳＡ口座内での損益通算もできません）。

購入した商品がすべて利益を出すというわけではありませんから、このあたりもしっかり考えて利用する必要があります。

●ミニ図解●
宝くじは当たる？

夢の3億円!?

●ある宝くじの発売概要●
発売金額…390億円
当選金額の合計…約183億円

配当率47%

競馬などの公営ギャンブルの配当率は約75%

↓

宝くじは
効率の悪いギャンブル

しかし私たちは、当選することを夢見て
宝くじを何十枚も購入したりしますよね。

でも、もしかして
当たるかもと思って
買っちゃうんだよね～

【結論】

人間は、お金のことになると、どうしても
正常な思考で判断できなくなってしまう

★だからこそ、お金の世界では、いかに現実的な思考ができるかが大事なポイントになると思います。
夢も希望もない話かも知れませんが、それが真実なのです。

3章
知らないとヤバイ税金の話

about Tax
知らないとヤバイ税金の話
1

★逃げられないからこそ知っておきたい

ずっと払い続けるお金・税金

避けて通れない大きな問題

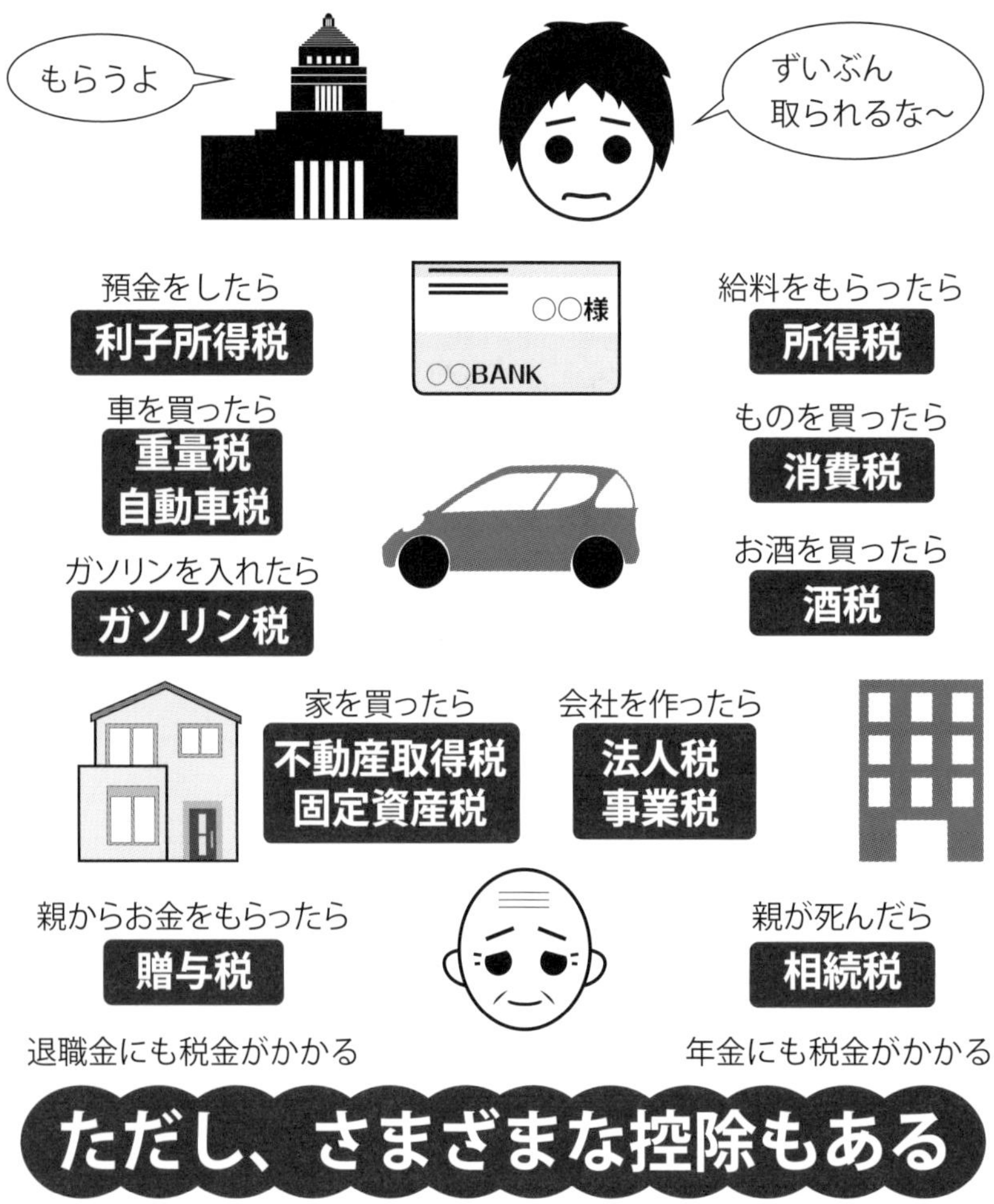

もらうよ
ずいぶん取られるな〜
預金をしたら
利子所得税
○○様
○○BANK
給料をもらったら
所得税
車を買ったら
重量税
自動車税
ものを買ったら
消費税
ガソリンを入れたら
ガソリン税
お酒を買ったら
酒税
家を買ったら
不動産取得税
固定資産税
会社を作ったら
法人税
事業税
親からお金をもらったら
贈与税
親が死んだら
相続税
退職金にも税金がかかる
年金にも税金がかかる
ただし、さまざまな控除もある

税金なんて払いたくない。でも…

「税金」と聞いて良いイメージを持つ人はあまりいませんよね。

なぜか私たちの頭の中では、「税金＝払いたくない」という方程式が浮かびます。

しかし、一方で「税金＝大人への第一歩」と考えることもできませんか？

社会人になって、初めてもらった給料明細の「税金」の欄。税金が引かれているのを確認して、「俺も社会人になったんだ」と実感したことはありませんか？

車を買えば、重量税や自動車税。家を買えば、不動産取得税に固定資産税。

こう考えると、**私たちが社会人として一人前になっていく道のりの中で、必ず節目・節目に「税金」と出会っていくようになっているのです。**

しかし、私たちは怖ろしいほど、税金につい

★POINT★

サラリーマンの税金の計算は会社がしてくれるので手間はかからない。

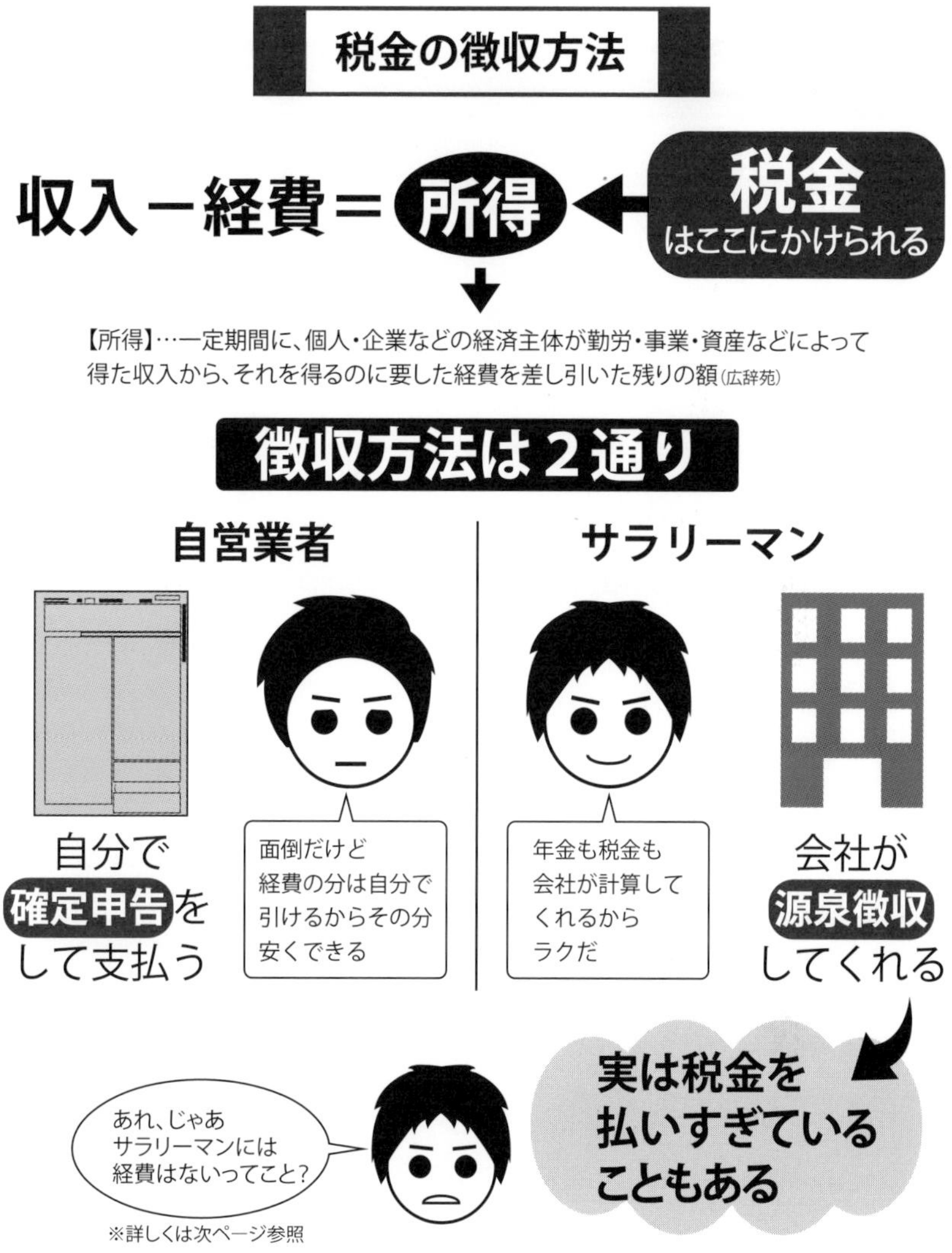
税金の徴収方法
収入－経費＝所得
税金
はここにかけられる
【所得】…一定期間に、個人・企業などの経済主体が勤労・事業・資産などによって得た収入から、それを得るのに要した経費を差し引いた残りの額（広辞苑）
徴収方法は２通り
自営業者
自分で
確定申告を
して支払う
面倒だけど
経費の分は自分で
引けるからその分
安くできる
サラリーマン
年金も税金も
会社が計算して
くれるから
ラクだ
会社が
源泉徴収
してくれる
実は税金を
払いすぎている
こともある
あれ、じゃあ
サラリーマンには
経費はないってこと？
※詳しくは次ページ参照

て何も知りません。だから、たまに税金を払いすぎていることもあるのです。

サラリーマンの税金は「源泉徴収」される

所得税は、その名前の通り**所得**にかかる税金です。所得とは収入から経費を引いた残りのことです。

しかし、自営業の人なら「売上から経費を引いた残りが所得」と分かりますが、サラリーマンの「所得」ってなんでしょう。

実は、自営業の人とサラリーマンでは決定的な違いがあります。それは**税金の払い方**です。

自営業者は、1年に1度、みずから税金を納めますが、サラリーマンは会社から支払われる毎月のお給料から、自動的に税金が差し引かれています。つまり、あなたのかわりに、会社が税金の徴収を代行しているのです。

これを**「源泉徴収」**と呼んでいます。

1年間の金額等を証明したものを「源泉徴収票」といって、年末もしくは年明けに会社からもらいます。

つまり、**サラリーマンは年金にしろ税金にしろ自動的に会社が計算してくれる**ということです。

about Tax
知らないとヤバイ
税金の話
2

★サラリーマンの税金は前払い

年末調整で税金は返ってくる

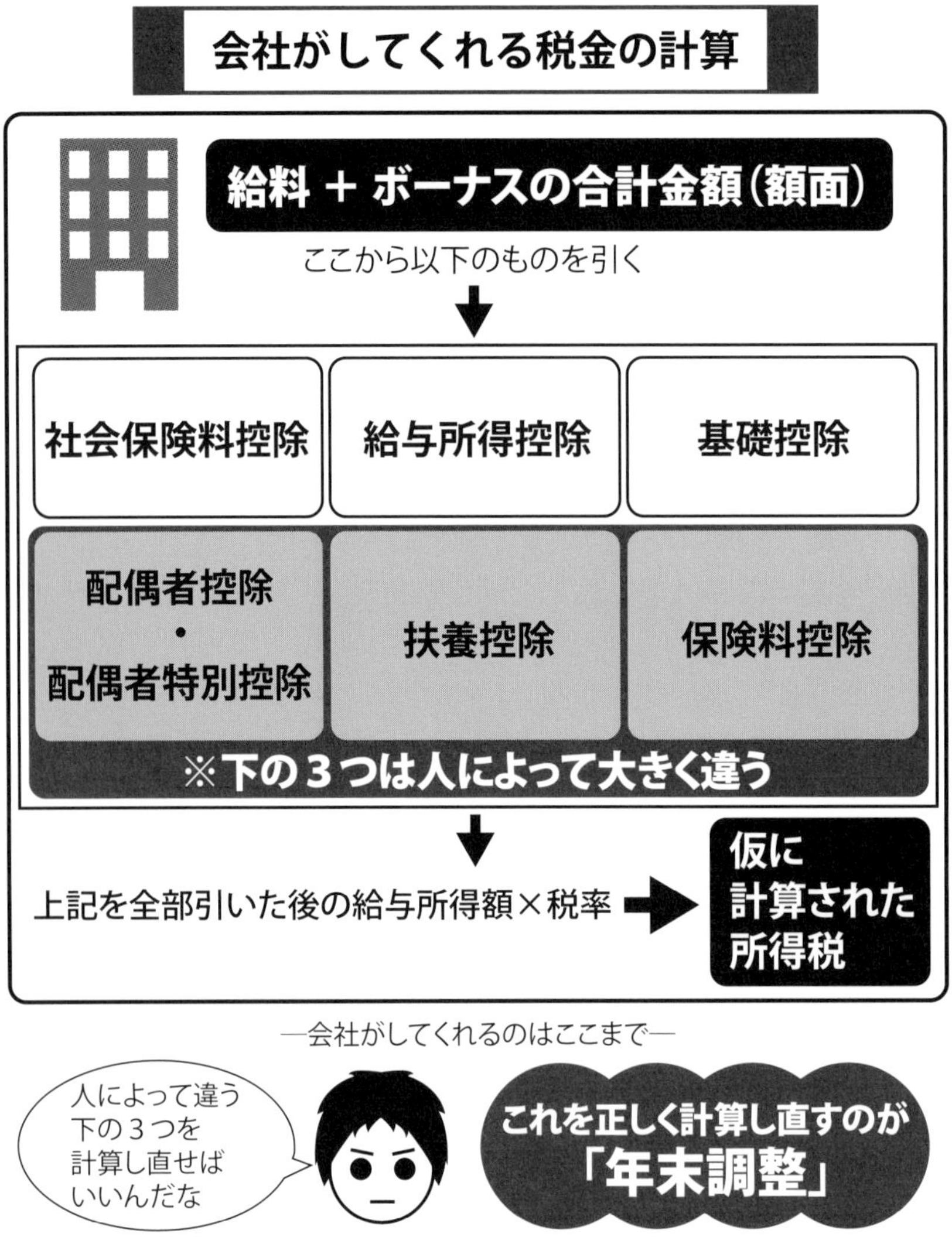

会社がしてくれる税金の計算
給料 ＋ ボーナスの合計金額（額面）
ここから以下のものを引く
社会保険料控除
給与所得控除
基礎控除
配偶者控除・配偶者特別控除
扶養控除
保険料控除
※下の３つは人によって大きく違う
上記を全部引いた後の給与所得額×税率
仮に計算された所得税
—会社がしてくれるのはここまで—
人によって違う下の３つを計算し直せばいいんだな
これを正しく計算し直すのが「年末調整」

サラリーマンの税金は仮計算

「年末調整」という言葉を聞いたことがある人は、多いのではないでしょうか？

これはサラリーマンの方限定の言葉です。

所得税は、原則1月1日から12月31日の1年間に発生した所得を計算して納めるものです。だから、本来は年の途中で税金を計算することはできません。

だけど、サラリーマンは毎月のお給料から税金を払っています。

これはどういうことか？

実は、**毎月のお給料から払っている税金は、仮に計算された税金であって、本当の金額ではない**のです。

これが、とても重要な部分です。つまり、仮計算して払っている税金を、**1年に1度正しく計算し直さなくてはいけない**のです。

これが、「年末調整」です。

★POINT★

税金を多めに取られていても、年末にちゃんと返ってくるようになっている。

控除の内容

個人が考えなくてもいい部分

基礎控除	合計所得が2400万円以下なら差し引ける **38万円** (2020年分以降は48万円)
給与所得控除	給料のうち、税金がかからない分 …給与額に応じて変わるが、だいたい３割程度
社会保険料控除	公的な社会保障（厚生年金・健康保険・国民年金保険など）に払った分のお金を差し引ける 控除額…差し引かれた金額すべて

自分が該当するかどうかチェックする項目

- 結婚している → 配偶者控除／配偶者特別控除
- 子どもがいる → 扶養控除
- 保険に入っている → 生命保険料控除／地震保険料控除

該当する場合は控除を申請すれば **支払った税金の一部が戻ってくる**

払いすぎた分を年末に返してもらう

年末調整では、1年間の所得を正しく計算して出た正しい税金と、毎月のお給料やボーナスのときに仮に支払った税金の差額を調整します。

払いすぎていれば返してもらえるし、足りなければ不足額を支払わなければいけません。

では、**どうやって税金の額を計算するのでしょうか？** これは基本的に、**会社の経理が全部処理してくれます**。私たちは、その中で個人差が出る部分だけを押さえておけばいいのです。

税金の計算はザックリ説明すると、右上の図のような流れです。

給与所得控除は、給料の金額で自動的に決まってしまうので、こちら側では何ともなりません。社会保険料控除も、1年間に払った年金・健康保険料の合計金額を差し引くだけなので、問題ありません。基礎控除は、誰でも同じ条件です。

とすれば、残りの3つに個人差が生まれてきます。言い方を変えれば、私たちは、この**3つだけをポイントとして押さえておけばＯＫ**なわけです。

保険料の控除で税金を減らす

★保険に払ったお金の分は特別扱い

生命保険料の控除

保険料控除の額（所得税）

年間の支払保険料の合計	控除額
2万円以下	支払金額
2万円を超え4 万円以下	支払金額 ÷ 2 + 1万円
4万円を超え8万円以下	支払金額 ÷ 4 + 2万円
8万円超	4万円

※住民税も別途控除される

控除ができる保険料は大きくわけて 3 種類

介護医療保険料
保険金の受取人
↓
保険料を払い込む人か
その配偶者
またはその他の親族
※平成24年1月1日以後に契約したもの

一般生命保険料
保険金の受取人
↓
保険料を払い込む人か
その配偶者
またはその他の親族

子どもが
受取人でも
大丈夫！

個人年金保険料
年金の受取人
↓
保険料を払い込む人か
その配偶者
※その他細かい規定があり控除の対象にならない保険もあるので要注意！

3つあわせて最大12万円の控除が受けられる

逆に、12万円以上の保険料を払い込んでもこれ以上は控除されない

生命保険料控除

生命保険料控除は、2012年1月1日より制度が変わりました。

従来の**一般生命保険料の控除、個人年金保険料の控除**以外に、**介護医療保険料控除**というものが新設されたのです。

3種類ともルールは同じで、年間8万円以上の保険料を納めていれば、4万円控除してもらえます。

ですから、3種類とも8万円ずつ保険料を納めていれば、**合計で12万円控除が受けられる**ということです。

個人年金保険は、多くの場合で払った分以上にお金を受け取ることができる保険です。なおかつ保険料控除が受けられるわけですから、余裕がある人は加入することを検討してもいいでしょう。

それぞれ8万円未満の場合は、上の表にまとめたので参考にしてください。

★POINT★

保険に払っているお金の分は、税金を払わなくていいことになっている。

地震保険料の控除

地震保険料控除

区分	年間の支払保険料の合計	控除額
(1) 地震保険料	5万円以下	支払金額
	5万円超	5万円
(2) 旧長期損害保険料	1万円以下	支払金額
	1万円超2万円以下	支払金額 ÷2＋5000円
	2万円超	1万5000円
(1)・(2) 両方ある場合		(1)、(2) それぞれの方法で計算した金額の合計額（最高5万円）

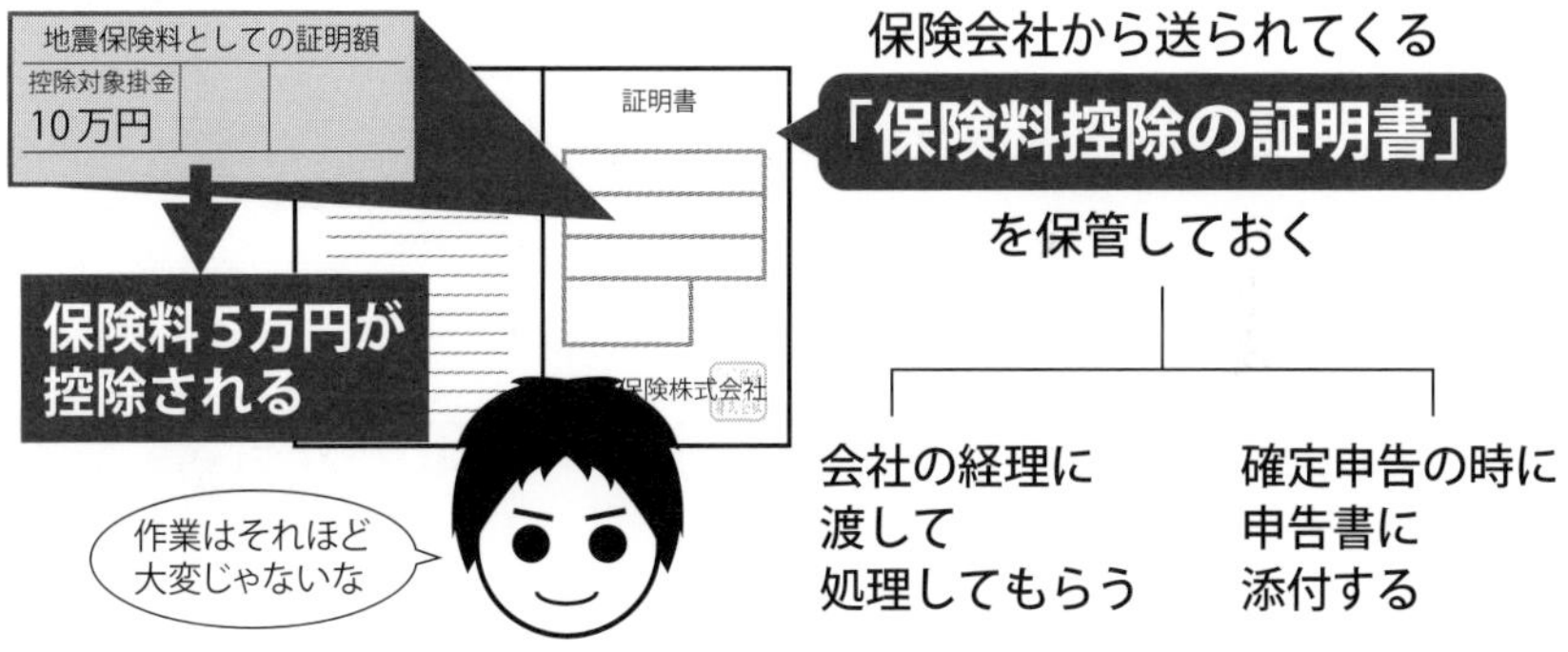
地震保険料としての証明額
控除対象掛金
10万円
証明書
保険株式会社
保険料5万円が控除される
作業はそれほど大変じゃないな
保険会社から送られてくる
「保険料控除の証明書」
を保管しておく
会社の経理に渡して処理してもらう
確定申告の時に申告書に添付する

地震保険料控除

一昔前は「損害保険料控除」という名前でしたが、今は**「地震保険料控除」**という名前に変わりました。

これは、建物や家財に地震保険を掛けている人だけが対象になるもので、1年間に払った保険料が、5万円までは支払った額がそのまま、5万円を超える場合は5万円までが控除できる仕組みになっています。

また、平成18年12月31日までに保険期間が10年以上ある損害保険に加入している場合は「旧長期損害保険料」として控除できます。

なんだか難しそうな言葉が出てきているので、よく分からないと思われるでしょうが、心配しないでください。

保険に加入している場合、秋から年末にかけて、**保険料控除の証明書**というのが、加入先の保険会社から送られてきます。

そこに、「地震保険料○○○円」「旧長期損害保険料○○○円」などと書いてありますから、それを見ながら計算すれば問題ありません。

生命保険も同じです。大切なのは**保険会社から送られてくる保険料控除の証明書をちゃんと保管しておくこと**、またなくしてしまった場合は、再発行してもらうことなのです。

about
Tax
知らないと
ヤバイ
税金の話
4

★夫婦で働くのが当たり前の時代に知っておきたい

配偶者控除で節税する

所得額によって控除の種類が変わる

収入－経費＝ **所得** ← **税金** はここにかけられる

収入…150万円以下 合計所得…133万円以下 ↓ **配偶者特別控除**	収入…103万円以下 合計所得… 38万円以下 (2020年分以降は48万円) ↓ **配偶者控除**

所得 **38万円** が境界

(本人の合計所得額が900万円以下の場合)(2020年分以降は48万円)

年収103万円の場合

所得税		住民税		納める税金
0円 103万 −65万(給与所得控除) −38万円(基礎控除) ＝0	＋	7500円 【東京都品川区の場合】 東京都民税…2500円 品川区民税…5000円	＝	7500円

年収150万円の場合

所得税		住民税		納める税金
2万3500円 150万 −65万(給与所得控除) −38万円(基礎控除) ×税率５％	＋	5万4500円 【東京都品川区の場合】 東京都民税…２万1300円 品川区民税…３万3200円	＝	7万8000円

特別配偶者控除38万円のため夫の手取りには変動なし

配偶者の所得に税金がかからない金額はいくら？

配偶者控除というのは、１年間の所得が38万円以下の配偶者がいる場合に計算上38万円が所得控除できるというものです。

あくまでも**「所得」**が38万円以下で、「収入」が38万円以下なのではありません。収入では１０３万円以下となります。

しかし、年間１０３万円以上の収入があるからと言って、心配する必要はありません。法律改正により、１０３万円を超えても１５０万円以下の収入であれば、**配偶者特別控除**として、38万円が所得控除できるからです。

働きすぎると手取りが減る？

それでは、パートの奥様は１５０万円まで働いたほうがいいのでしょうか？

年収１０３万円と１５０万円を比較してどち

★POINT★

配偶者の所得額によって控除額も変わる。社会保険への加入についてはよく考えよう。

被扶養者の収入にある「壁」

収入103万円（所得38万円）

を超える場合	以下の場合
年収…150万円 （手取り…133万5500円）	**年収…103万円** （手取り…102万1000円）
税金　…６万4500円 所得税…１万8500円 住民税…４万6000円（東京都の場合）	税金　…9000円 所得税…　　0円 住民税…9000円（東京都の場合）
配偶者特別控除3万円のため 夫の税金が5万2500円増加	配偶者控除38万円のため 夫の手取りに変動なし
家族の手取り 128万3000円	**家族の手取り 102万1000円**

税金
だけじゃなく
社会保険も
考えないと…

収入で141万円未満であれば、少なからず配偶者特別控除が受けられる

ただし

社会保険で扶養になる人…
年間収入で130万円未満（60歳以上や障害年金受給者の場合180万円未満）で
被保険者の2分の1以下の年収
↓
年収が130万円以上になると社会保険の扶養から外れる
（別に健康保険や年金を納める必要がある）
↓
税金とあわせて考えると
おおよそ180万円を超えるぐらいまで手取りが逆に少なくなってしまう

これが 130万円の壁

らが家族の手取り収入が増えるでしょうか？

　具体的には右上の図の通りです。

　税金のことだけを言えば、働けるのであれば、１０３万円を超えて働いたほうがいいのですが、問題なのが、**社会保険料**なのです。

　年収が１３０万円以上になると社会保険の扶養から外れて、別に健康保険や年金を納めることになります（加入条件については66ページ参照）。すると、少なくとも社会保険料が40万円程度になるので、税金とあわせて考えれば、**おおよそ１８０万円を超えるぐらいまでは、手取りが逆に少なくなってしまう**ということになるのです。

　パートやアルバイトの場合は、**１３０万円の壁**があることを知っておく必要があります。

家族手当にも注意！

　それ以外にもうひとつ、気をつけないといけないポイントがあります。

　ご主人の会社が奥様に対して家族手当を支払っている場合です。この家族手当の基準は会社によってバラバラです。

　中には配偶者控除が基準になっている場合もあるので、よく会社の支給基準を確認してください。

about Tax
知らないとヤバイ税金の話
5

★扶養家族は妻や子どもだけではない
年金暮らしの親で節税できる

扶養家族とは？

給与から引かれるもの

社会保険料控除	給与所得控除	基礎控除
保険料控除	配偶者控除・配偶者特別控除	扶養控除

ここをふやせば控除が増える
↓
税金が減る

【扶養家族】とは…
所得が38万円以下の16歳以上の家族

年金暮らしの両親も扶養家族になる！

公的年金等に係る雑所得の速算表（～2019年分）　（年収1000万円以下の場合）

年金を受け取る人の年	公的年金等の収入金額の合計額	控除額
65歳未満	（公的年金等の収入金額の合計額が 700,000 円までの場合は所得金額はゼロとなります）	
	700,001 円から 1,299,999 円まで	700,000 円
	1,300,000 円から 4,099,999 円まで	375,000 円
	4,100,000 円から 7,699,999 円まで	785,000 円
	7,700,000 円以上	1,555,000 円
65歳以上	（公的年金等の収入金額の合計額が 1,200,000 円までの場合は、所得金額はゼロとなります）	
	1,200,001 円から 3,299,999 円まで	1,200,000 円
	3,300,000 円から 4,099,999 円まで	375,000 円
	4,100,000 円から 7,699,999 円まで	785,000 円
	7,700,000 円以上	1,555,000 円

扶養家族を増やす方法

意外とマイナーですが、確定申告をして税金が還付される方法に、扶養家族を多くするというものがあります。

年末調整の税金の計算の流れを思い出してください。**単純に税金の額を少なくしようとすれば、控除の金額を多くすればいい**わけですよね。

しかし、配偶者特別控除を増やすということは収入を少なくするということですし、生命保険料控除や地震保険料控除を増やすといっても、それ以上に保険料を払っているわけですから、意味がありません。

そうすると、簡単に控除額を増やす方法は、**扶養家族を増やす**ことになるのです。

でも急に家族が増えるわけではありません。ではどう考えるか？　扶養に入っていない家族を扶養に入れることができないかと考えるわけです。その代表例が、年金暮らしの両親です。

★POINT★

親を扶養家族に入れれば税金が安くなる。同居していなくても条件次第でOK！

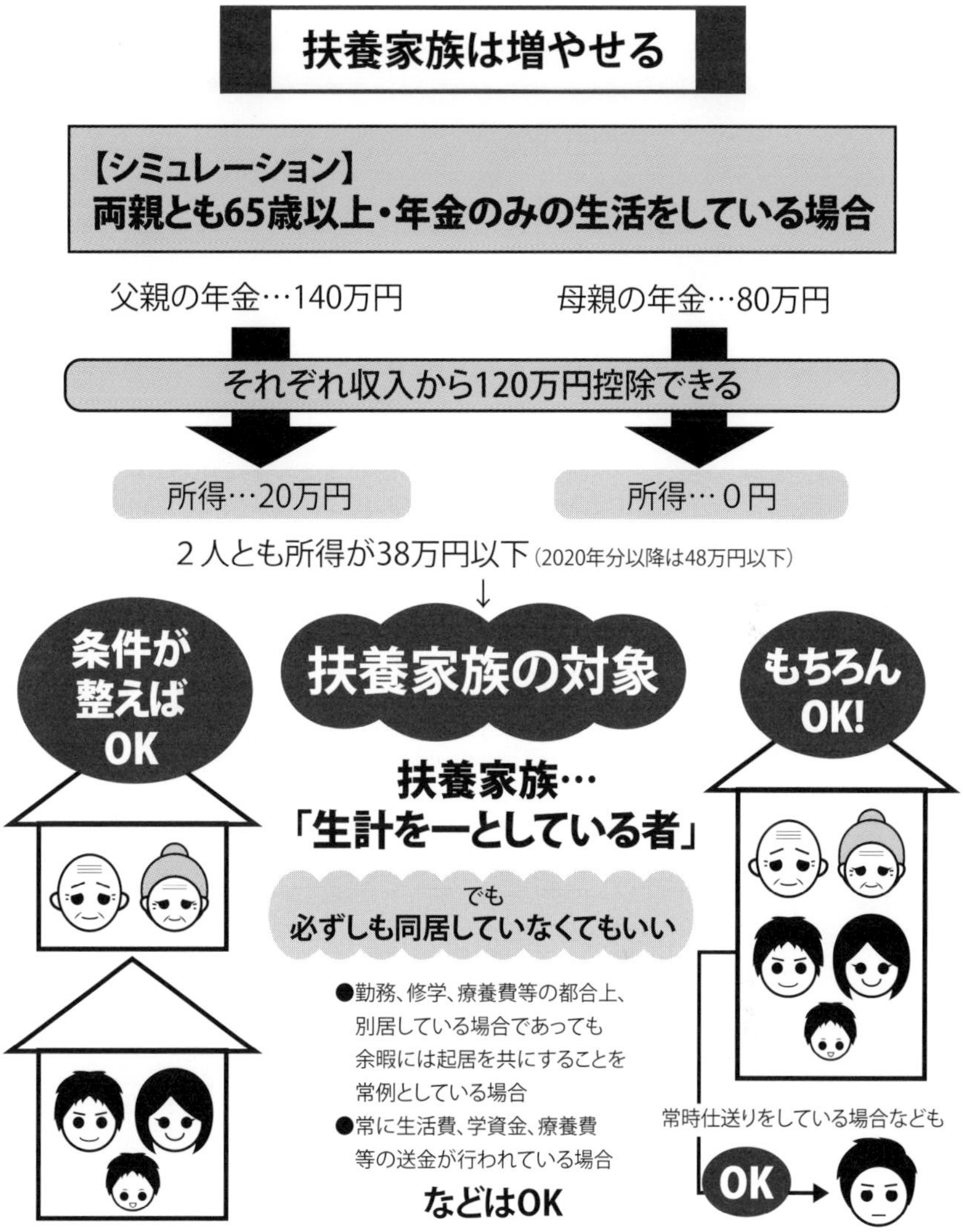
扶養家族は増やせる
【シミュレーション】
両親とも65歳以上・年金のみの生活をしている場合
父親の年金…140万円
母親の年金…80万円
それぞれ収入から120万円控除できる
所得…20万円
所得…０円
２人とも所得が38万円以下（2020年分以降は48万円以下）
↓
条件が整えばOK
扶養家族の対象
もちろんOK!
扶養家族…
「生計を一としている者」
でも
必ずしも同居していなくてもいい
●勤務、修学、療養費等の都合上、別居している場合であっても余暇には起居を共にすることを常例としている場合
●常に生活費、学資金、療養費等の送金が行われている場合
などはOK
常時仕送りをしている場合なども
OK

同居でなくてもいい

年金暮らしの両親の所得はどのように計算されるのか、上の図の通りです。

少し例をあげて考えてみましょう。

65歳以上で、年金のみで生活している両親がいるとします。父親の年金は１４０万円、母親は80万円だったとしましょう。

それぞれ収入から１２０万円控除できますから、父親の所得金額は20万円、母親のほうは所得金額は０円となります。

つまり、２人とも所得金額が38万円以下なので、扶養家族の対象となり、あなたの税金が安くなるのです。

「でも、一緒に住んでいないし」と思ったあなた、さらに朗報です。

実は、税金のルールでは、扶養家族とは「生計を一としている者」ですが、これは**必ずしも同居していなくてもいいのです。一緒に住んでいない両親でも、条件さえ整えば、扶養控除の対象の家族にすることができる**のです。

通常扶養家族は会社に通知し、年末調整のときに計算しますが、もし知らずにいて会社に伝えていなくて、もう年末調整が終わってしまった場合などは、確定申告が有効な手段となるわけです。

about Tax
知らないとヤバイ税金の話 6

★買い物や投資でも節税ができる

ふるさと納税とiDeCo（イデコ）

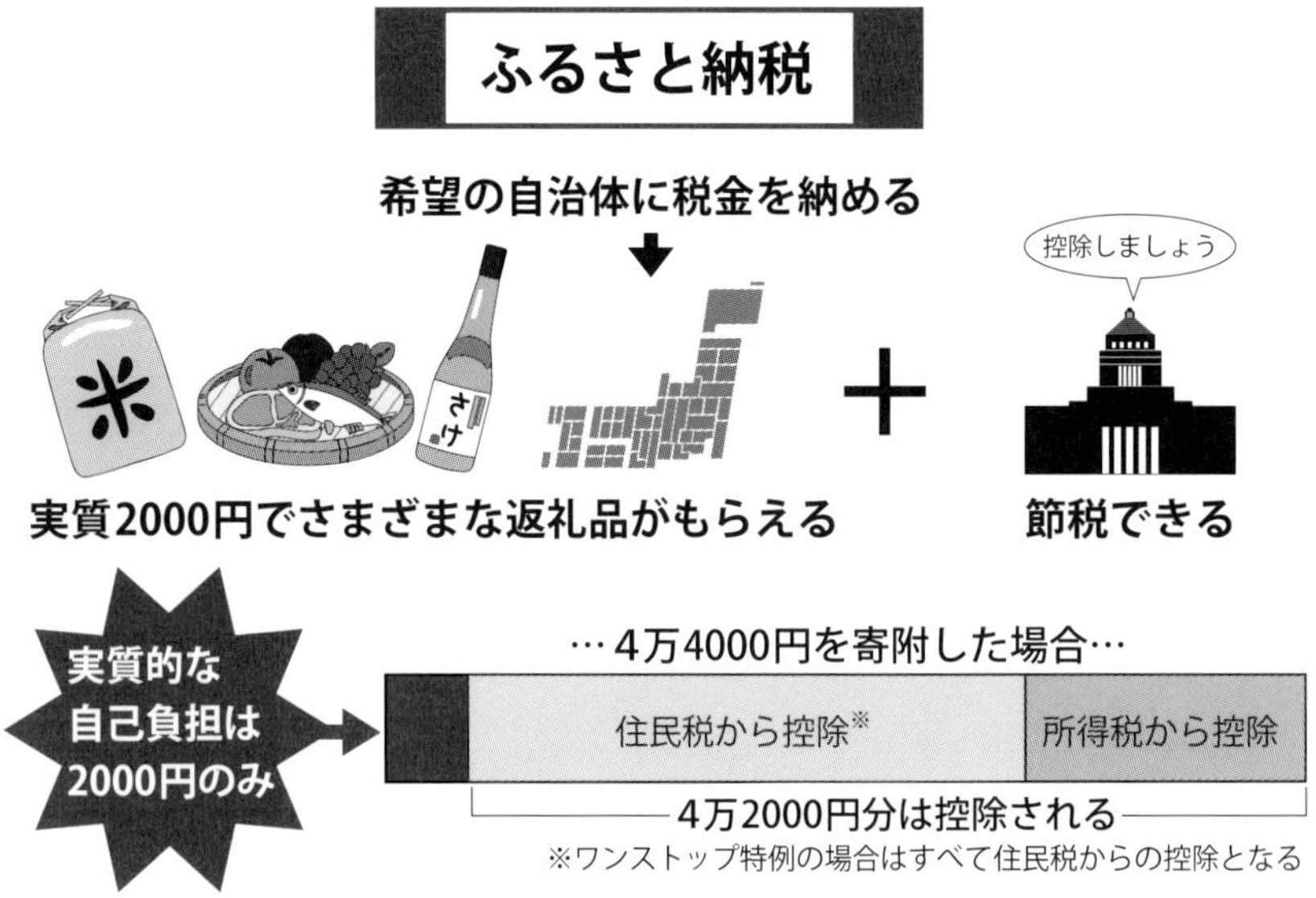
ふるさと納税
希望の自治体に税金を納める
控除しましょう
米
さけ
実質2000円でさまざまな返礼品がもらえる
節税できる
実質的な自己負担は2000円のみ
…4万4000円を寄附した場合…
住民税から控除※
所得税から控除
4万2000円分は控除される
※ワンストップ特例の場合はすべて住民税からの控除となる

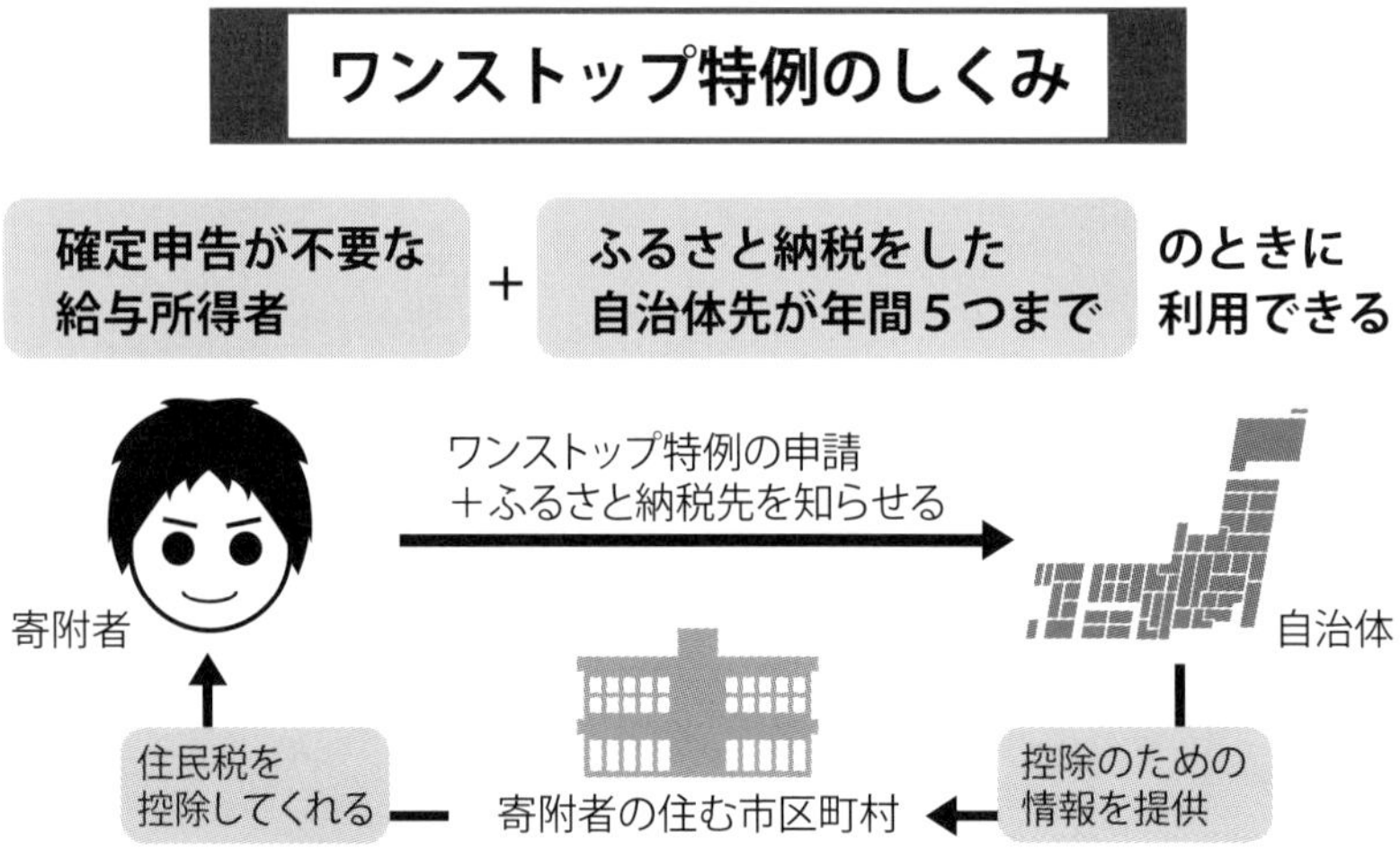
ワンストップ特例のしくみ
確定申告が不要な給与所得者
＋
ふるさと納税をした自治体先が年間５つまで
のときに利用できる
ワンストップ特例の申請
＋ふるさと納税先を知らせる
寄附者
自治体
控除のための情報を提供
寄附者の住む市区町村
住民税を控除してくれる

節税とお得な買い物が同時にできるふるさと納税

節税は個人でもできます。

その代表的なものが**「ふるさと納税」**と「iDeCo（イデコ）」です。

まずは「ふるさと納税」についてです。

「ふるさと納税」は、自分のふるさとや**応援したい自治体に寄附ができる制度**のことです。手続きをすることで、所得税や住民税の還付・控除が受けられます。しかも寄附したお礼として、多くの自治体では地域の名産品などが用意されています。

つまり、通常であれば支払わなければいけない税金を、**2000円の自己負担金でお得な品物などにしよう**というのがこの制度です。

「でも、節税するための手続きが面倒では？」と思う人もいるかもしれません。

ご安心ください。**ワンストップ特例の申請書**を提出すれば、確定申告は必要ありません。

★POINT★

買い物や投資の際にも税金面でお得な方法がある。上手に活用しよう。

働き方によって変わるiDeCoの拠出上限額

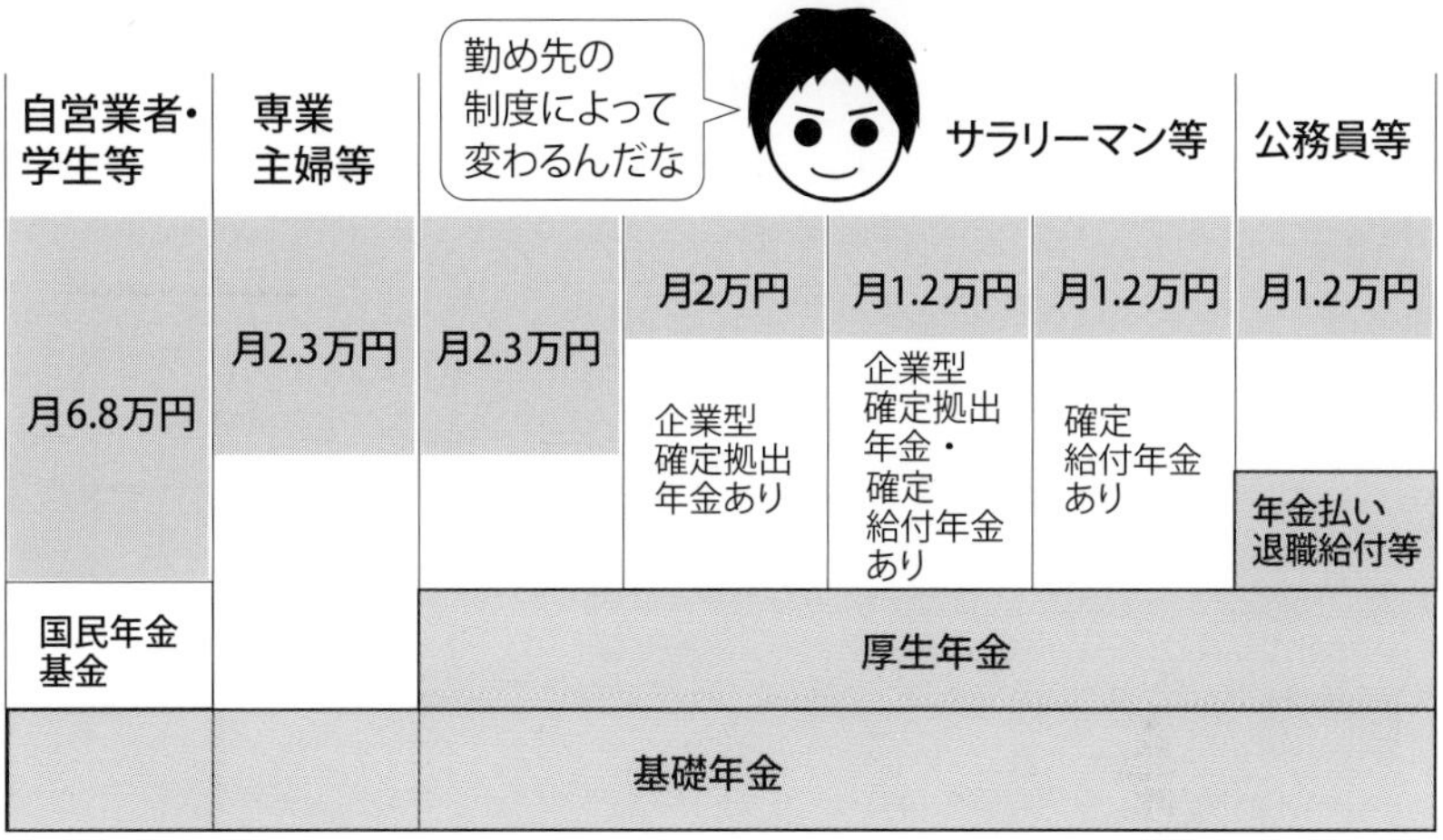
勤め先の制度によって変わるんだな
自営業者・学生等
専業主婦等
サラリーマン等
公務員等
月6.8万円
月2.3万円
月2.3万円
月2万円
月1.2万円
月1.2万円
月1.2万円
企業型確定拠出年金あり
企業型確定拠出年金・確定給付年金あり
確定給付年金あり
年金払い退職給付等
国民年金基金
厚生年金
基礎年金

iDeCoのダブル節税メリット

運用時

掛金が全額所得控除される
毎月の掛金が１万円の場合…
所得税（10%）＋住民税（10%）の場合
年間2.4万円税金が安くなる

運用益も非課税で再投資できる
通常は運用益に課税される
（20.315%）

受取時

年金として受け取る場合…
「公的年金等控除」

一時金の場合…
「退職所得控除」

どちらの場合も控除が受けられる

節税しながら投資できるiDeCo

「個人型確定拠出年金（iDeCo）」は、確定拠出年金法に基づいて実施されている私的年金の制度です。

以前は、加入できる人に条件がありましたが、法律が改正され、限度額に差があるものの、すべての人が利用できるようになりました。

特徴としては、まず**掛金が全額所得控除される**という点です。

仮に毎月の掛金が1万円の場合、その全額が税額軽減の対象となり、所得税（10%）、住民税（10%）とすると年間2・4万円、税金が軽減されます。

次に**運用益も非課税で再投資できる**という点です。NISA同様、iDeCoも非課税口座です。通常、金融商品を運用すると、運用益に課税されますが（源泉分離課税20・315%）、iDeCoなら非課税で再投資されます。最後に受け取る時も大きな控除が受けられます。

iDeCoは年金か一時金で、受取方法を選択することができます（金融機関によっては、年金と一時金を併用することもできます）。年金として受け取る場合は「公的年金等控除」、一時金の場合は「退職所得控除」の対象となります。

about Tax
知らないとヤバイ税金の話
7

★払いすぎた税金を自分で調整

確定申告で税金を安くできる

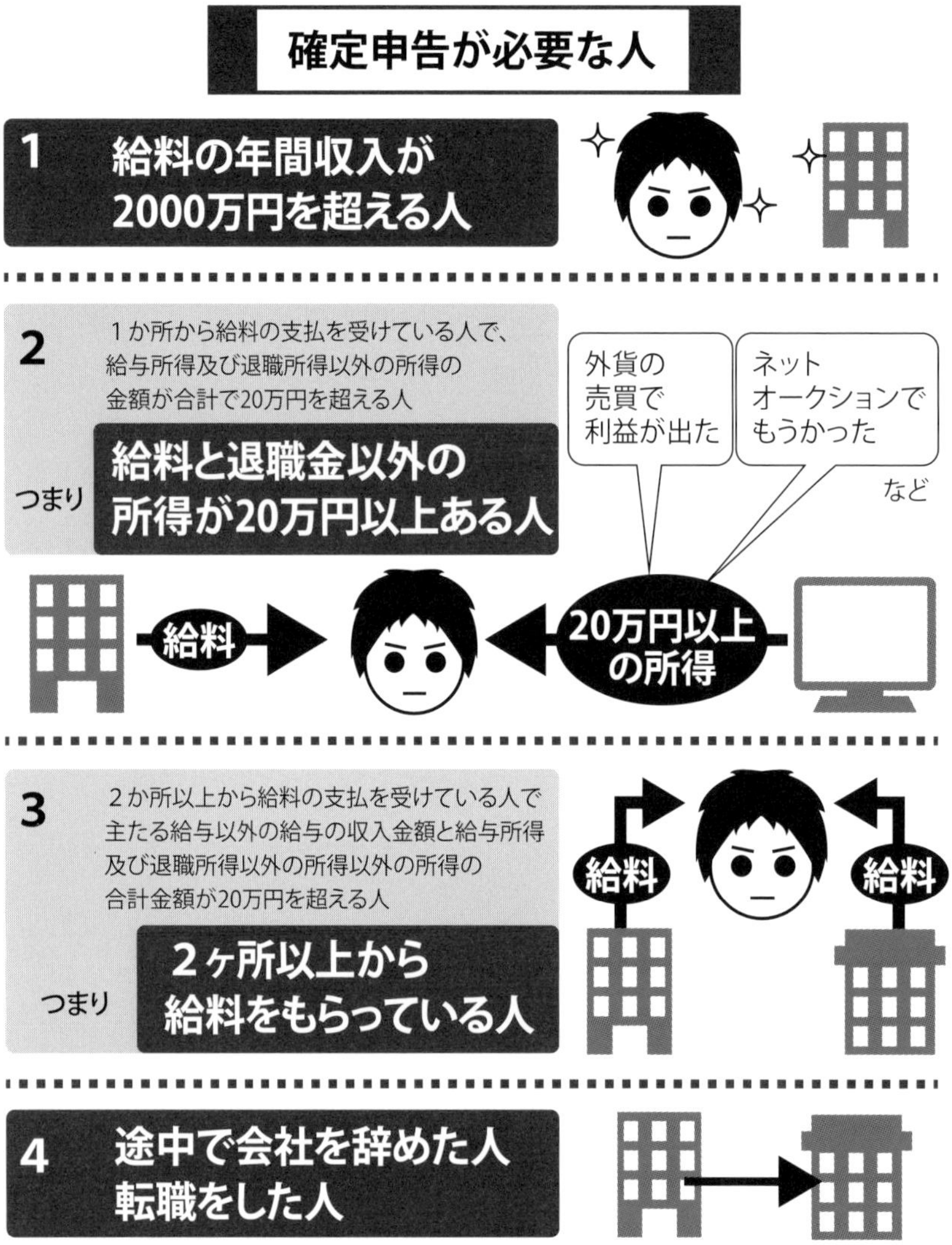

確定申告が必要な人
1 給料の年間収入が2000万円を超える人
2 1か所から給料の支払を受けている人で、給与所得及び退職所得以外の所得の金額が合計で20万円を超える人
つまり 給料と退職金以外の所得が20万円以上ある人
外貨の売買で利益が出た
ネットオークションでもうかった
など
給料
20万円以上の所得
3 2か所以上から給料の支払を受けている人で主たる給与以外の給与の収入金額と給与所得及び退職所得以外の所得以外の所得の合計金額が20万円を超える人
つまり 2ヶ所以上から給料をもらっている人
給料
給料
4 途中で会社を辞めた人 転職をした人

こんな人は確定申告必須

サラリーマンの税金は、基本的に会社が計算をしてくれるので、確定申告をする必要はないのですが、実は**しなくてはいけない人**がいます。

上の図のような人です。

1の人は単純なのでそのままです。

2を簡単に言えば、**お給料と退職金以外の所得が20万円以上ある人**です。

3は、**2ヶ所以上からお給料をもらっている人**をさしています。

その他、年の途中で会社を辞めた場合や、転職をした場合も、仮計算で支払った税金がそのままの状態になっている場合が多いので、自分で税金を計算して確定申告すれば、税金が戻ってくる場合があります。

確定申告をしなければならないのは自営業者の方ばかりではないということを覚えておきましょう。

★POINT★

サラリーマンでも確定申告が必要な人がけっこういる。自分はどうか確認しよう。

家を買うと税金が安くなる
住宅ローンを組んだ人が
最初の１年目に確定申告をすれば
住宅ローン減税
が受けられる
3000万円のローンがある
↓
税金が30万円安くなる
（年末の住宅ローンの残高の１％）
×
10年間
控除が続く
【特徴】
計算された税額から直接控除できる
すごい節税効果だ!
【シミュレーション】
ローン残高が3000万円で
今年の税金が20万円だったら?
↓
20万円以上は税金を引けない
↓
引ききれなかった分は住民税に反映されて
翌年の住民税が安くなる
（課税所得の５％または9万7500円のどちらか少ない金額）
所得税から引ききれなくても
住民税が安くなる!

家を買った人は必ず確定申告するべし

一番大きなのは住宅に関するものです。一般的に「住宅ローン控除」「住宅ローン減税」と言われているものです。

住宅ローンを組んだ人は、最初の1年目に必ず確定申告をしなければなりません。

簡単に説明すれば、住宅ローンを借りた人は、10年間、年末の住宅ローンの残高の1％（長期優良住宅等も1％）が税金から控除できるというものです。

ただし、残高が1億円あっても**上限が4000万円**（長期優良住宅等の場合は5000万円）までなのでご注意ください。

これは、雑損控除・寄附金控除・医療費控除と違って、計算された税額から直接控除できるものなのです。

ですから、前の3つに比べて税金を安くする効果はかなりのものです。

逆に注意することは、**支払った税金以上に控除はできない**ということです。

2年目からの控除は年末調整で計算してもらえますが、最初の1回目だけは、必ず確定申告で行わなければなりません。

忘れずに、確定申告に行きましょう。

about Tax
知らないとヤバイ
税金の話
8

確定申告したほうがいい人

★税金が安くなる人がいる

こんなときは税金が安くなる

雑損控除

以下による損害を受けた時

(1) 震災、風水害、冷害、雪害、落雷など自然現象の異変による災害
(2) 火災、火薬類の爆発など人為による異常な災害
(3) 害虫などの生物による異常な災害
(4) 盗難
(5) 横領

※詐欺や恐喝の場合には、雑損控除は受けられない

損害額－保険等で補填される金額を差し引いた額
→ －総所得金額等 ×10％
→ そのうち災害関連支出の金額 －5万円
どちらか多い方

寄附金控除

国が決めた団体へ寄附をした時

国、地方公共団体・日本赤十字など

ここへの寄附なら控除してもいいよ

その年の総所得金額等の40%相当額
その年に支出した特定寄附金の額の合計額
→ どちらか低い金額－2000円

※東日本大震災への義援金等には特例あり

特別に税金が安くなる

確申告をしたほうがいい人とはどんな人かというと、払いすぎた税金が戻ってくる可能性がある人です。

実は、年末調整では控除できなくて、**確定申告でしか控除できないことがあります。**それに該当する人は、確定申告をしたほうがいい人になるわけです。

具体的には、上のような人です。災害や盗難の被害にあった人にとってはありがたいですね。また、寄附をしやすい環境になっていることが分かります。

とはいえ、これを全部覚えておく必要はありません。「こんな場合、なんか税金の計算から引けるものがあったなあ」ぐらいで結構です。

災害関係の損失はものすごく大きいので、その年では控除しきれません。そんな場合3年間は繰り越して控除できるので、そのポイントだけを押さえておいてください。

★POINT★

確定申告でしか控除できないお金がある。特に医療費控除はお得なので利用しよう。

こんなときは税金が安くなる

医療費控除

1年間にかかった医療費の一部を所得から差し引ける

最高で200万円

実際に支払った医療費の合計額	ー	保険金などで補填される金額 入院費給付金・高額療養費・家族療養費・出産育児一時金など	ー	10万円 ※その年の総所得金額等が200万円未満の人は総所得金額等が5%の金額

(注)保険金などで補填される金額は、その給付の目的となった医療費の金額を限度として差し引くので、引ききれない金額が生じた場合も他の医療費からは差し引かない

自己又は自己と生計を一にする配偶者やその他の親族のために医療費を支払った場合において、その支払った医療費が一定額を超えるときは、その医療費の額を基に計算される金額の所得控除を受けることができます。 (「医療費控除の概要」の一部)

配偶者や子どもの医療費も合計できる

2万円
5万円
3万円
3万円
控除OK!
領収書は大事にとっておこうね

※妊娠・出産をした年は医療費が多くかかるので医療費控除が受けやすい

一定以上の医療費は控除の対象になる

1年間にかかった**医療費の一部は所得から差し引けます**。対象となるのは、上の式で計算した金額です。

控除を受けるためには、領収書などの支出を証明する書類が必要なので、捨てずにとっておくことが大切です。

医療費控除の一番大きなポイントは、「医療費控除の概要」に書かれている、上記の一文に隠れています。

カンのいい人なら、もう「ピーン」ときたことでしょう。そう、**医療費控除は、何も自分の医療費だけではない**のです。つまり配偶者やそのほかの家族の医療費も合計できるのです。

つまり、両親や子ども含めてすべて生計を一としている家族であれば、1年間にかかった医療費を合計することができます。

1人分だけでは年間10万円（所得総額が200万円未満の場合は5％）以上医療費を払っていなくても、家族全員なら、もしかしたら必要な金額を超えられるかもしれません。

くれぐれも、**医療費の領収書はとっておく**ように、家族に徹底させましょう。

意外と簡単な確定申告

★提出する書類は数枚程度

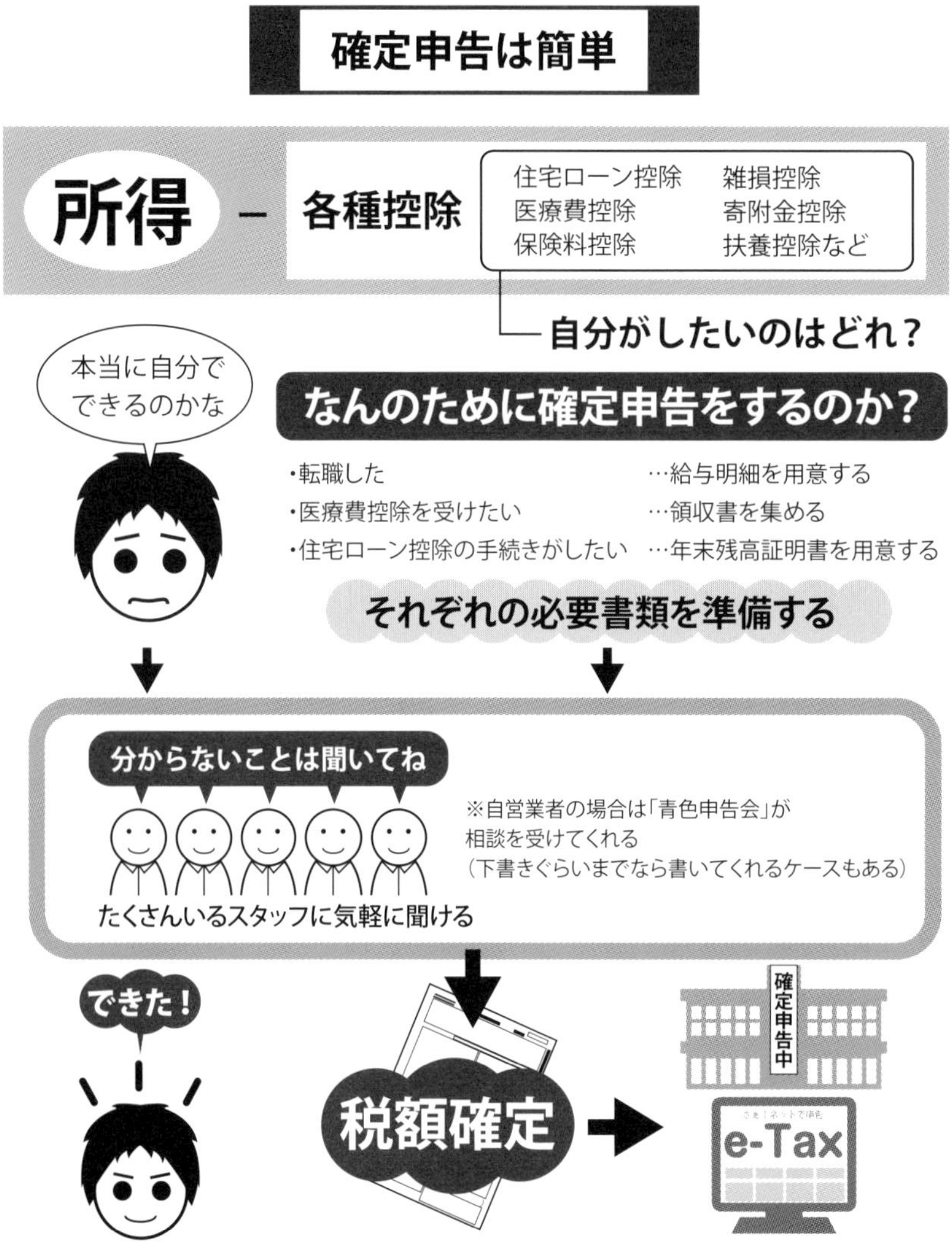
確定申告は簡単
所得
各種控除
住宅ローン控除
雑損控除
医療費控除
寄附金控除
保険料控除
扶養控除など
自分がしたいのはどれ？
本当に自分でできるのかな
なんのために確定申告をするのか？
・転職した …給与明細を用意する
・医療費控除を受けたい …領収書を集める
・住宅ローン控除の手続きがしたい …年末残高証明書を用意する
それぞれの必要書類を準備する
分からないことは聞いてね
※自営業者の場合は「青色申告会」が相談を受けてくれる
（下書きぐらいまでなら書いてくれるケースもある）
たくさんいるスタッフに気軽に聞ける
できた！
税額確定
確定申告中
e-Tax

難しそうだけど実は難しくない

確定申告とは、個人が1月1日から12月31日の1年間の収入・支出、各種控除などを計算して、所得税の金額を確定し、税務署に申告することをいいます。

多くの場合は、税務署や区市町村役場で、この時期に税金の相談・申告コーナーが開設されているので、そこに行けば職員がくわしく教えてくれます。

大切なのは、**どんな目的で確定申告をするのか**ということです。

転職したからなのか、医療費控除を受けたいのか、住宅ローン控除の手続きがしたいのか。目的が明確になっていれば、事前に必要なものだけを国税庁のホームページで調べて持参すれば、**ほとんど1、2回で手続きは終了します**。

一見難しそうですが、問題は今までこういうことに向き合わなかったという点だけですか

★POINT★

所得税だけで考えると数千円しか節税できない場合も住民税への影響は大きい。

住民税にも要注意

住民税の額は自動的に決められる
直接の節税はできない

所得税	控除の種類	住民税
上限12万円	生命保険料控除	上限７万円
38万円	基礎控除 配偶者控除等	33万円

控除額は住民税のほうが少ない

所得税の税率

課税される所得金額	税率
195万円以下	5%
195万円を超え　330万円以下	10%
330万円を超え　695万円以下	20%
695万円を超え　900万円以下	23%
900万円を超え　1,800万円以下	33%
1,800万円を超え 4,000万円以下	40%
4,000万円超	45%

住民税の税率

一律10%

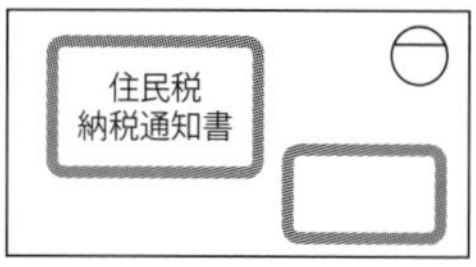

課税所得 195 万円以下だと…
所得税が５%、住民税は10%

所得税が減った以上に住民税が増えて、手取りが減っちゃった

なんてこともありえる

所得税より住民税のほうがインパクトが大きな場合もある

ら、正面から向き合えば意外と簡単なものなのです。

住民税のためにも確定申告をしよう

「住民税の確定申告をしたことがある」という人は、ほとんどいないでしょう。

なぜかというと、**住民税の申告は、所得税とセットで行われている**からです。

さて、ここでの問題も、会社を中途で辞めた人や転職した人です。

所得税とセットにされている以上、所得税を年末調整していない状態でそのままにしておくと、所得税を多く納めるばかりでなく、翌年からの住民税があがる可能性があるわけです。

収入によっては、所得税が税率５％で、住民税が10％という場合もあります。つまり、**所得税より、住民税のほうがインパクトが大きな場合もある**のです。

「確定申告なんかしても数千円しかもどってこないから、面倒くさい」なんて思っていると、翌年の住民税がどーんと増えることもあります。ですから、所得税のためだけではなく、**住民税のためにも、確定申告はするべき**なのです。

●ミニコラム●

パートも社会保険に入る

手取りの額に要注意

2016年10月から、社会保険に関する新しいルールがスタートしました。

社会保険の新適用条件

- 所定労働時間が週20時間以上
- 勤務期間が1年以上の見込み
- 1ヵ月の賃金が8.8万円（年収約106万円）以上（結婚手当・賞与等、割増賃金等は例外）
- 勤務先の従業員※が501人以上
  ※厚生年金の被保険者数（例外あり）

パートの奥様も、パート収入が約106万円（1ヶ月の賃金が8.8万円）で、上記のような一定の条件を満たす場合、お勤め先で導入されている健康保険と厚生年金に加入しなければならなくなったのです。

健康保険と厚生年金に加入すると、その保険料がパート収入から天引きされるため、手取り収入が減ってしまいます。

ただし、健康保険や厚生年金に加入することで、将来もらえる年金が増えたり、病気やケガで仕事に就くことができなくなってしまった時に手当が貰えたりするなどのメリットもあります。

悩ましいところではありますが、将来の見通しや家族の意見などもふまえて、働き方を工夫してください。

今もらえるお金か
将来もらえるお金か
どっちを優先するか…

4章 知らないとヤバイ年金の話

about Pension
知らないとヤバイ年金の話
1

★時がたつにつれてややこしくなった
年金は分かりにくい

年金の構造
国民年金の上に乗っている形
確定給付年金
確定拠出年金
厚生年金基金
退職等年金給付
国民年金基金
国民年金のみの加入者が任意で入る
iDeCo
掛金を自分で運用しながら積み立てて将来受け取る
厚生年金
（公務員等）
すべての基本・みんなが入っている
国民年金（基礎年金）
立場によって１～３号に分かれる
第１号被保険者
第２号被保険者
第３号被保険者

分からないままではすまない

ニュースでたびたび耳にする「年金」ですが、正直なところ、かなり分かりにくい印象があるのではないかと思います。

実はその通りで、年金については、専門家でもよく分からない部分があると言われるほど複雑になってしまっています。**年金のすべてを誰も把握していない。**これが実は年金問題のもっとも闇の部分なのかもしれません。

しかし、よく分からないからと言って、年金問題を避けていていいのでしょうか？

答えは「NO」。「分からない＝関係ない」では通用しないのです。

「分からない→調べてみる」という思考をするだけで、びっくりするぐらい人生をお得に生きていくことができるのです。

だからといって、なにも専門家になるわけで

★POINT★

分からないのは仕方ない。せめてポイントだけでも随時調べてみるクセをつけよう。

年金の種類

第１号
被保険者
2、3号
以外はここ
国民年金のみに入っている人
老齢者
自営業者
20歳以上の学生
※保険料の支払いを口座引き落としにしていない場合、納付書を使ってみずから払うことになるので、払っていない人も多い
第２号
被保険者
サラリーマンと
公務員はここ
厚生年金に入っている人
掛け金は
給料から
天引き
＋
天引き分と
同じ額を
会社が出す
＝
1人分の
保険料
第３号
被保険者
サラリーマンの
妻はここ
第２号被保険者の
被扶養配偶者
※夫（第２号被保険者）が代わりに保険料を支払ってくれているので、本人が保険料を払う必要はない（ただし夫の退職時などは第１号に変わる）

はありませんから、おおよそのポイントだけを理解していればOKです。

自分はどこに入る？

右上の図を見て、自分がどの年金に加入しているか分かりましたか？

一番多いのは、厚生年金だと思われます。通常サラリーマンは、厚生年金に加入しているからです。基本的には、給料から社会保険料が天引きされていれば、厚生年金だと考えるといいでしょう。

ここでよくある勘違いが、「厚生年金や共済年金の人は、国民年金と関係がないのでは？」ということです。

決してそんなことはありません。

国民年金は、別名「基礎年金」と呼ばれています。ですから、厚生年金の人も、共済年金の人も、国民年金には加入していることになっているのです。

そして、厚生年金者や共済年金者の配偶者で扶養になっている人（収入が少ない人）は、保険料を払わなくても国民年金に加入していることになっています。

つまり、**国民年金は建前上日本国民全員が加入している**のです。

about Pension
知らないとヤバイ年金の話 2

★老人だけの味方ではない 年金は遺族の味方になる

遺族基礎年金

【シミュレーション】
もしも配偶者に
万が一のことが起こったら…

遺族基礎年金
国民年金に加入している人が死亡した場合に支払われる年金

受取人
死亡当時に子どものある配偶者
（配偶者がいない場合は子ども）

要注意！

子どもとは…
・18歳到達年度の末日（3月31日）を経過していない子
・20歳未満で障害年金の障害等級が1級または2級の子
→ 一般的に、子どもが高校を卒業するともらえなくなる

支払われる金額…年間78万100円＋子の加算額
（2019年10月）

子の加算

第1子	第2子	第3子以降
22万4500円	22万4500円	各7万4800円

万が一のときに家族の味方になる

年金と聞くと、まず「お年寄りがもらっているもの」と思いがちですが、実はそれは年金の機能のひとつでしかありません。

年金には、老後にもらえる「老齢年金」以外に、2つの可能性があります。

ここでは、その2つのうちのひとつ、「遺族年金」を見ていきます。

遺族年金とは、その言葉の通り、遺された家族に年金が支払われるという制度です。年金は何も自分のためだけではなく、万が一のことがあった場合に、その家族の生活を助けてくれるものでもあるのです。

遺族年金には、国民年金から支払われる**「遺族基礎年金」**と、厚生年金から支払われる**「遺族厚生年金」**の2つがあります。

大きな違いは、対象となる家族です。

遺族基礎年金が「子のある配偶者、子」なの

★POINT★

遺族年金は一家の大黒柱を亡くした家族、特に子どもがいる家庭の強い味方になる！

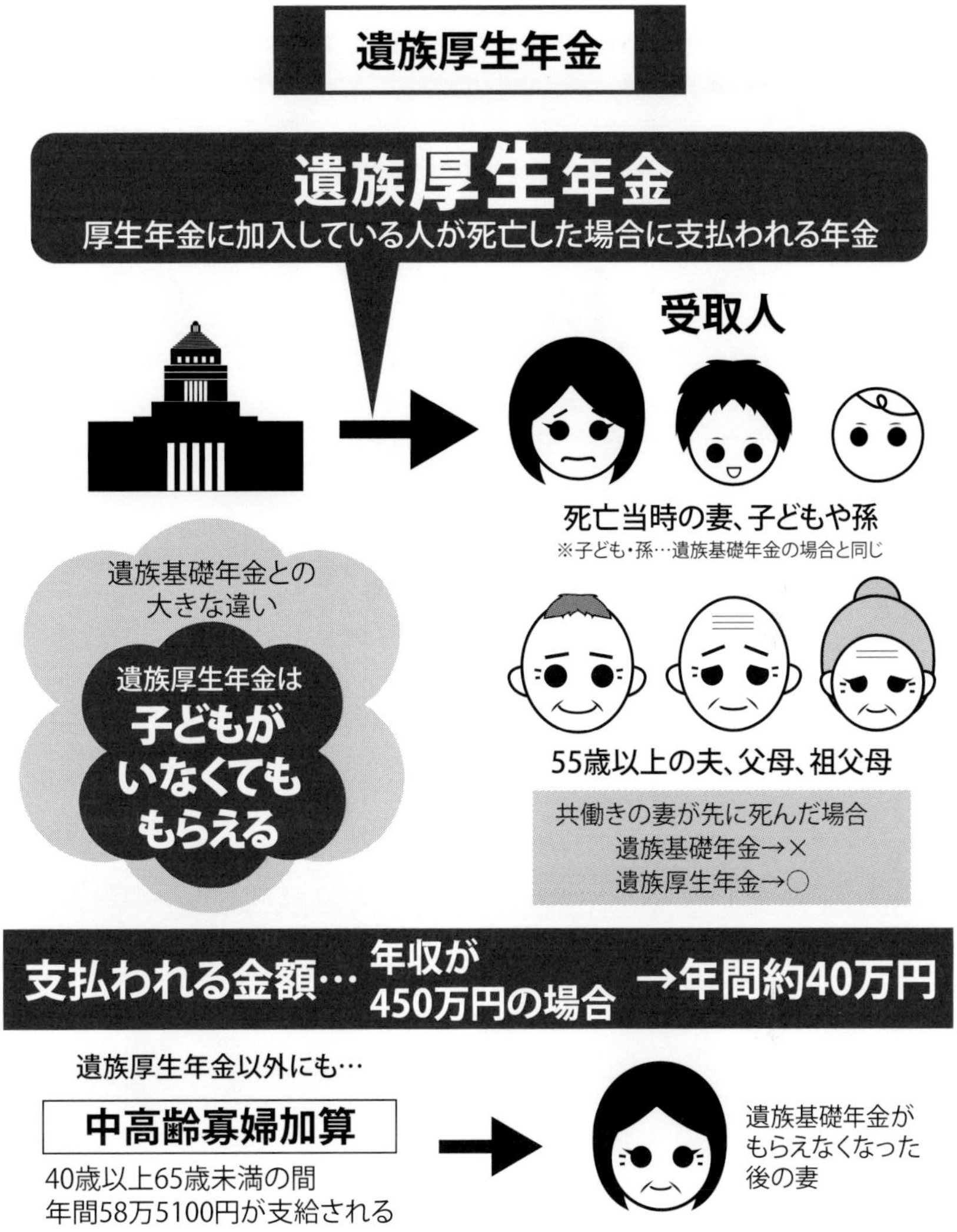
遺族厚生年金
遺族厚生年金
厚生年金に加入している人が死亡した場合に支払われる年金
受取人
死亡当時の妻、子どもや孫
※子ども・孫…遺族基礎年金の場合と同じ
遺族基礎年金との大きな違い
遺族厚生年金は
子どもがいなくてももらえる
55歳以上の夫、父母、祖父母
共働きの妻が先に死んだ場合
遺族基礎年金→×
遺族厚生年金→○
支払われる金額… 年収が450万円の場合 →年間約40万円
遺族厚生年金以外にも…
中高齢寡婦加算
40歳以上65歳未満の間
年間58万5100円が支給される
遺族基礎年金がもらえなくなった後の妻

に対して、遺族厚生年金は「妻、子、孫、55歳以上の夫、父母、祖父母」となっています。

遺族基礎年金は子どもがいないと支払われないのに対して、遺族厚生年金はそうでないところは大きな違いです。

もちろん、遺族年金だけで遺された家族が生活していくのに充分なのかと言えば、そんなことはありません。ただ、制度を知っておくと、住宅ローンの組み方も生命保険の入り方も変わってきます。今もし自分が亡くなったらどのくらい遺族年金が支払われるのか、調べておくことをおススメします。

中高齢の妻がもらえるお金

さらに、次のいずれかに該当する妻が受ける遺族厚生年金には、40歳から65歳になるまでの間、58万5100円（年額）が加算されます。これを、**「中高齢寡婦加算」**といいます。

条件はおおむね以下の通りです。

・夫が亡くなったとき、40歳以上65歳未満で、生計を同じくしている子がいない妻

・遺族厚生年金と遺族基礎年金を受けていた子のある妻が、子が18歳到達年度の末日に達した（障害の状態にある場合は20歳に達した）等のため遺族基礎年金を受給できなくなったとき

about Pension
知らないとヤバイ年金の話
3

年金は障害者の味方になる

★民間の保険より頼りになる?

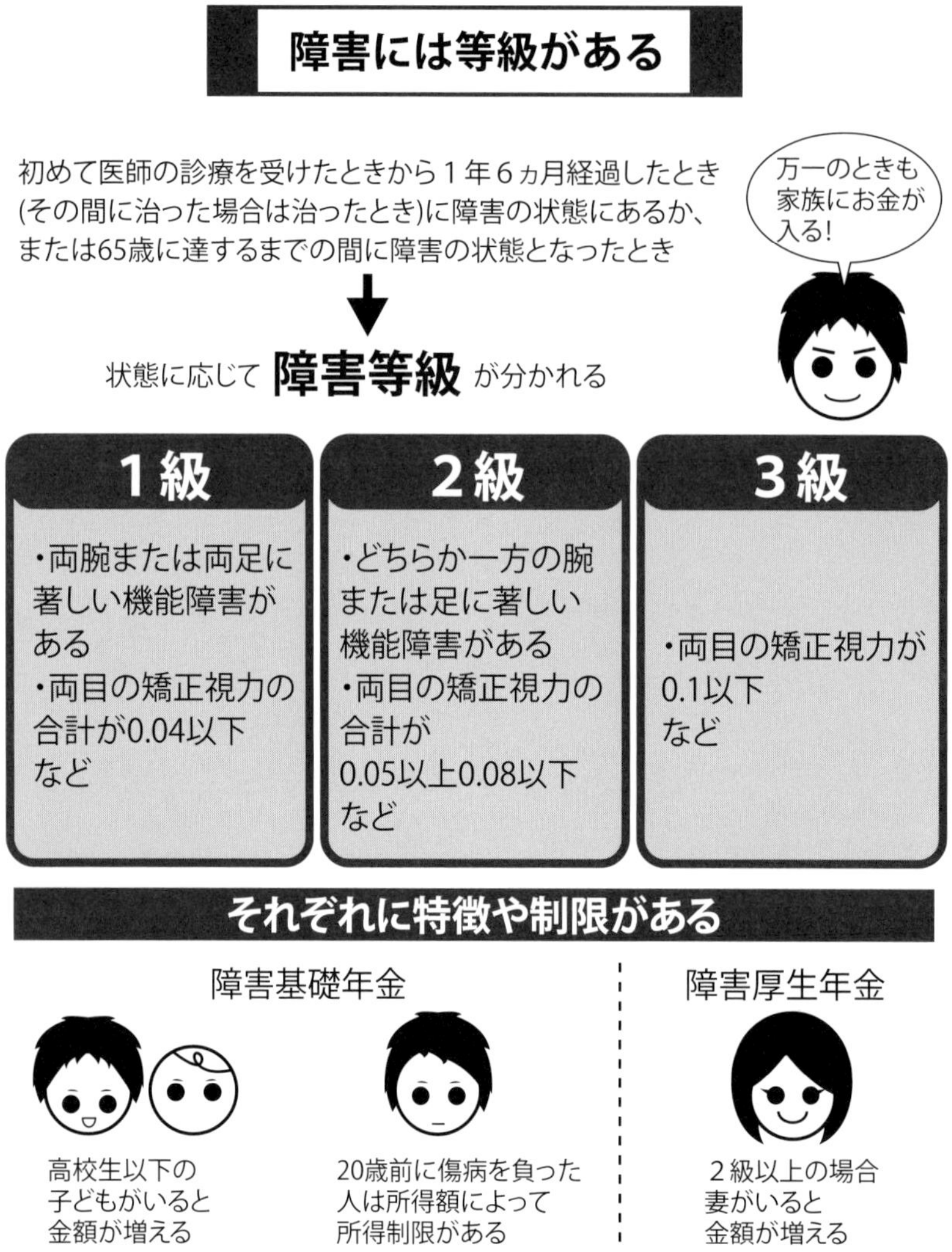

障害には等級がある
初めて医師の診療を受けたときから１年６ヵ月経過したとき(その間に治った場合は治ったとき)に障害の状態にあるか、または65歳に達するまでの間に障害の状態となったとき
万一のときも家族にお金が入る!
状態に応じて 障害等級 が分かれる
1級
・両腕または両足に著しい機能障害がある
・両目の矯正視力の合計が0.04以下
など
2級
・どちらか一方の腕または足に著しい機能障害がある
・両目の矯正視力の合計が0.05以上0.08以下
など
3級
・両目の矯正視力が0.1以下
など
それぞれに特徴や制限がある
障害基礎年金
高校生以下の子どもがいると金額が増える
20歳前に傷病を負った人は所得額によって所得制限がある
障害厚生年金
２級以上の場合妻がいると金額が増える

若い独身者にもメリットがある

老後にもらえる「老齢年金」以外で、独身・単身にかかわらず、何歳でも受給の可能性があるのが、「障害年金」です。

障害年金はその名の通り、**事故や病気などで障害を負った人のための制度**です。

生まれたときは健康でも、自分がいつ事故や事件に巻き込まれるか、それによって障害を持つのかどうか、予想できる人はいません。

遠い将来のためだけと思わず、**明日障害者になるかもしれない可能性も考えておきましょう**。

「障害」の内容は幅広い

障害年金にも、国民年金から支払われる**「障害基礎年金」**と、厚生年金から支払われる**「障害厚生年金」**があります。

★POINT★

障害者の家族を支えるのが障害年金。妻子がいる場合はかなりの額がもらえる。

障害を負った時にもらえる年金

障害基礎年金 1～2級

・国民年金の加入者が障害等級に該当した場合
・20歳未満から障害等級に該当していた場合
に支払われる年金

ただし、障害基礎年金の支給要件を満たしていることが必要

子どもが２人いる人が
等級１級の障害者になった場合…

年間約142万円を受け取れる

障害厚生年金 1～3級

厚生年金の加入者が障害状態に該当した場合に支払われる年金

ただし、障害基礎年金の支給要件を満たしていることが必要

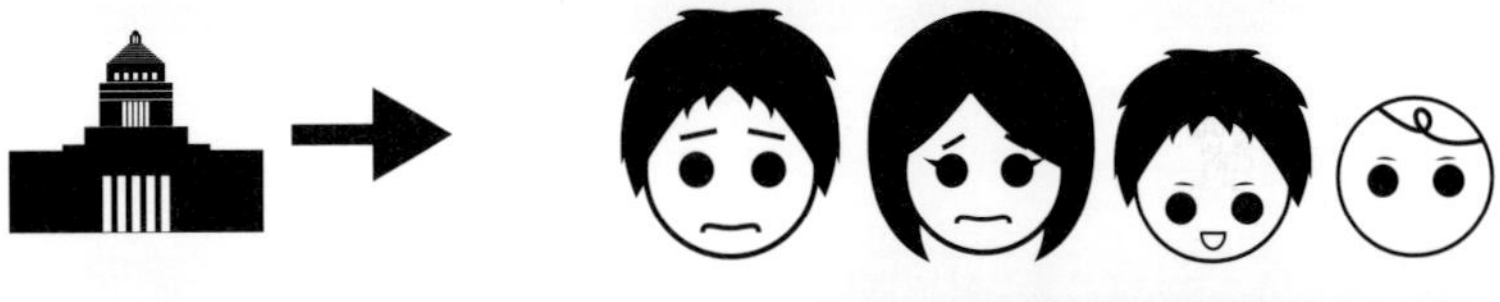

年収450万円で妻と子どもが２人いる
家族の夫が障害等級１級に該当した場合…

年間235万円を受け取れる

独身の場合は年間約168万円

具体的な支給額は上記の通りです。

障害厚生年金は、厚生年金の加入者が該当した場合に支払われます。

２級以上に該当する場合は障害基礎年金ももらえるわけですから、サラリーマンや公務員で障害者になってしまった場合で、妻や子どもがいる場合は、かなりの金額を受け取ることができます。

また障害等級３級には「精神又は神経系統に、労働が著しい制限を受けるか、又は労働に著しい制限を加えることを必要とする程度の障害を残すもの」という基準があるので、うつ病の人も該当することがあります。

年金は老後のためだけのものではない

老後の年金だけだと思えば、「国民年金を払うより自分で貯蓄したほうがいいかな」と思うかもしれません。

でも**遺族や障害者になった場合に支払われることを考えれば、決して悪いものではない**ということです。

もし今までこのことを知らずに国民年金を支払っていない人がいたなら、私はぜひ支払うことをおススメします。

about Pension
知らないとヤバイ年金の話
4

年金をもらうための条件

★もらうためには条件がある

老齢年金を受け取るための条件

老齢基礎年金

保険料を払っていた期間+免除期間

OK　10年間　OUT

以上　以下

分岐ポイント

※免除期間の詳細は次項参照

老齢厚生年金

老齢基礎年金の支給要件を満たしている
→保険料を10年以上納付している

＋

厚生年金保険の被保険者期間が1ヵ月以上あること

もし条件を満たしていないと…

遺族年金も障害年金も1円ももらえない

フリーランスもサラリーマンも要注意！

厚生年金だけもらうことはできないのか

10年保険料を払えば年金がもらえる

これまでは、老齢年金を受け取るためには、保険料納付済期間（国民年金の保険料納付済期間や厚生年金保険、共済組合等の加入期間を含む）と国民年金の保険料免除期間などを合算した資格期間が原則として25年以上必要でした。

それが、2017年8月1日からは、**資格期間が10年以上あれば老齢年金を受け取ることができる**ようになりました。

半分以下の期間に短縮されたわけですから、かなり緩和されたと言えるでしょう。

ひとつ注意したいポイントは、**国民年金をもらえる権利があれば、厚生年金は、1ヵ月の加入でもその分はもらうことができる**ということです。

これはかなり重要です。逆に言えば、「サラリーマンを3年して、会社を辞めました。その後、国民年金保険料を払っていません」と

★POINT★

20歳を超えれば全員加入。そこから10年保険料を払うことで年金を受け取れる。

遺族年金・障害年金を受け取るための条件

遺族年金の保険料納付要件

遺族基礎年金	遺族厚生年金
被保険者または老齢基礎年金の受給資格期間が25年以上ある者が死亡したとき	被保険者が死亡したとき または被保険者期間中の傷病がもとで初診の日から５年以内に死亡したとき
死亡者が保険料を払っていた期間+免除期間が ↓	死亡者が保険料を払っていた期間+免除期間が ↓
加入期間の 2/3以上	**国民年金加入期間の 2/3以上**

障害年金の保険料納付要件

障害基礎年金	障害厚生年金
保険料を払っていた期間+免除期間が ↓ **加入期間の 2/3以上**	●加入期間中に初めて医師の診療を受けた傷病による障害 ●障害基礎年金の支給要件を満たしていること

分岐ポイントは2/3
（令和８年４月１日前は救済措置あり）

転職していて
前の職場から
次の職場まで
間がある場合などは
要注意！

なると、国民年金が１円ももらえないどころか、厚生年金ももらえないことになるのです。

これでは意味がありません。サラリーマン時代に給料から天引きされた厚生年金保険料を無駄にしたくないのであれば、考えどころです。

遺族年金と障害年金の受給条件は被保険者期間の３分の２

遺族年金と障害年金の場合の条件はほとんど同じなので、あわせて見てみましょう。

実は、**国民年金に加入している期間、年金保険料を支払っている期間が３分の２以上ないと、遺族年金も障害年金も１円ももらえません。**

もし今までフリーランスで仕事を続けていて、国民年金保険料を１円も納めていなかったとしたら、今後ある程度の期間支払わないともらえない（被保険者期間の３分の２以上を満たさない）ことになってしまいます。

もしかしたら受給をあきらめた人もいるかもしれません。しかし遺族年金と障害年金は、前述した通り、かなりの額を一生受け取れる制度です。万が一に備えて、期間を確認しておきましょう。

about
Pension
知らないと
ヤバイ
年金の話
5

★払えない人のための制度がある

保険料の免除と追納ができる

未納と免除の違い

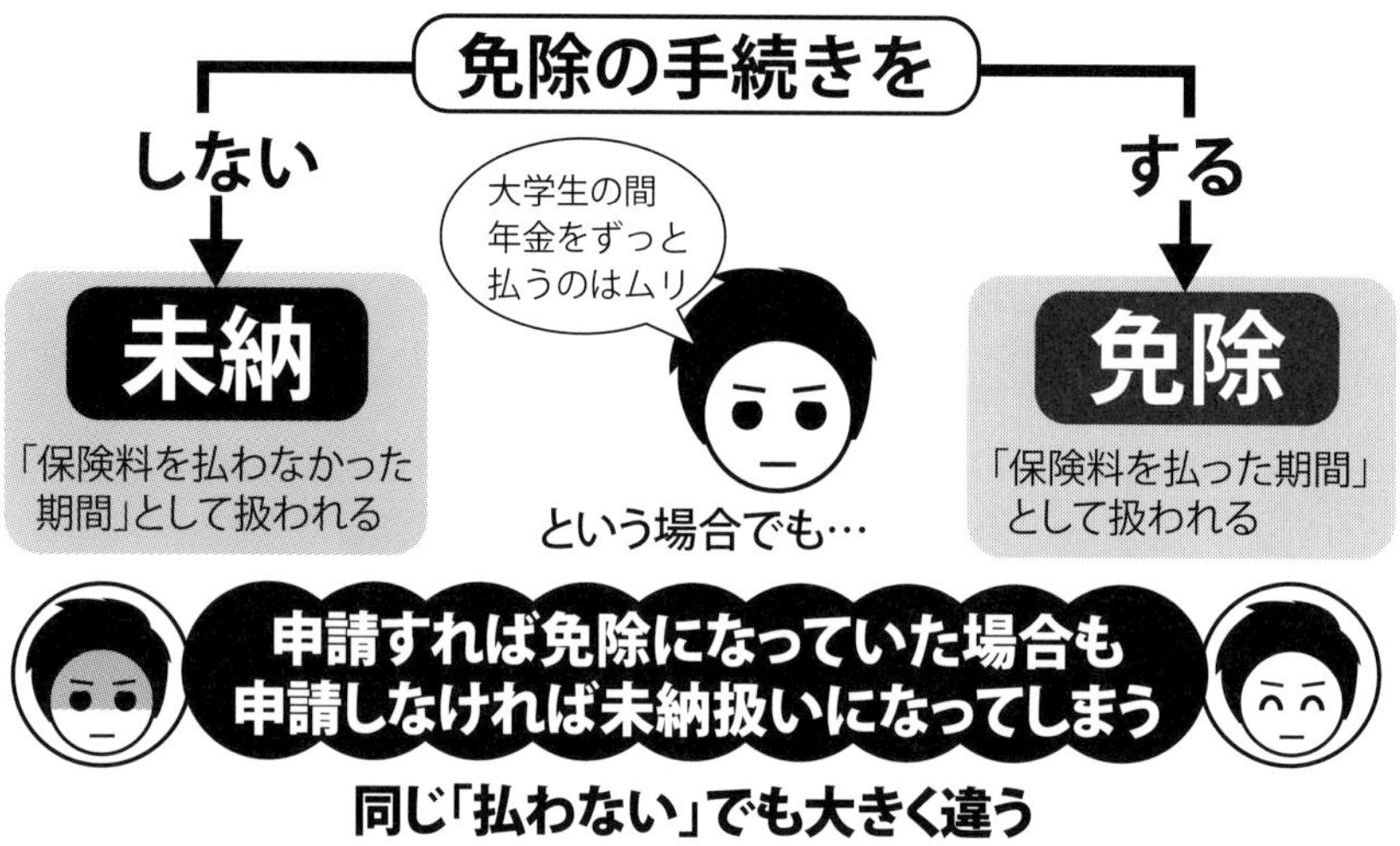
免除の手続きを
しない
未納
「保険料を払わなかった期間」として扱われる
大学生の間
年金をずっと
払うのはムリ
という場合でも…
する
免除
「保険料を払った期間」として扱われる
申請すれば免除になっていた場合も
申請しなければ未納扱いになってしまう
同じ「払わない」でも大きく違う

免除になるのはこんなとき

学生納付特例制度

●大学（大学院）、短大、高校などに在学する学生等
●本人の前年の所得が
118万円+扶養親族等の数×38万円+社会保険料控除等

・障害基礎年金の受給権者
・生活保護法の生活扶助を受けている人
・ハンセン病療養所の施設入所者
などの場合は自動的に免除になる

退職（失業）による特例免除

通常は…
本人の所得＋配偶者の所得＋世帯主の所得
特例免除になると…
配偶者の所得＋世帯主の所得
で計算される
↓
満額の1/2の保険料を納付したのと同じ扱い

保険料の未納と免除は大きく違う

当然ですが、年金をもらおうと思えば、その対価である保険料を支払わなくてはいけません。

しかも、「今月とりあえず払えば大丈夫」といった性格のものではないことも充分ご理解いただいたはずです。

しかし、「そんなことを言っても、払いたくても払えない人はどうするんだ」という方もいるでしょう。国民年金には、そういう人のために**「保険料免除」**というルールがあります。

そのルールは上の図のようになっています。いったい自分は、どれに該当するのか？　どれにも該当しないのか？

細かいことを自分で調べるのは、正直時間の無駄です。そういった場合は、**日本年金機構の年金事務所（旧社会保険事務所）等に相談しましょう。**

★POINT★

保険料を払えない人は免除の手続きをとろう。あとで追納できるようになる。

免除の場合は保険料を追納できる

申請も支払いもしていなかった
↓
時効
ただし過去２年以内分は支払うことができる
↓
年金の受給資格がなくなる?
最悪の場合、支払い期間が10年に満たず、年金を受け取ることができなくなる
↓
60歳までに加入期間が足りない場合60～65歳の間に「任意加入」できる

免除の申請をしていた
↓
追納できる
過去10年前分まで支払うことができる

【例】学生納付特例制度
特例を受けた期間の分は受給資格期間には算入されるが年金額には反映されない
↓
追納すれば将来受け取る年金が増える
年末調整で社会保険料控除ができる
未納より免除の方が有利

・年金を受け取ることができるか
・年金額がいくらになるか
に関わってくる

免除できる場合は申請しておこう

もしかしたら、免除を受けられるかもしれないのに、なにもしないで保険料の未納という扱いになっているかもしれません。それではもったいないだけですから。

特に先ほどの、遺族年金と障害年金の保険料納付要件の図をご覧いただいた方はお気づきでしょうが、免除期間は保険料納付済期間に含まれます。

だから、**未納と保険料免除は大きく違います**。収入が少なくて国民年金を払うのが大変な場合は一度相談に行くべきです。

保険料は追納ができる

また、免除の申請をした人には、もうひとつ、**「保険料の追納」**というオプションを持つことができます。

保険料の追納とは、保険料免除期間がある人が、実際年金を受けるときに金額が少なくなることを防ぐために、余裕ができてから、過去10年以内にあった保険料免除期間の保険料を支払うことができるという制度です。

ただしこれは、**保険料免除になった人だけが使えるオプション**であって、保険料を滞納した人は使えないので、勘違いしないようにしてください。

★「年金はもらえない」という声が気になる

年金は本当にもらえるのか？

世代ごとの保険料負担額と年金給付額

60代の厚生年金加入者は約3.8倍

20代の厚生年金加入者は約2.3倍

平成17（2005）年における年齢（生年）	厚生年金（基礎年金を含む） 保険料負担額（1）（万円）	年金給付額（2）（万円）	倍率（2）/（1）	65歳以降給付分 年金給付額（万円）（2'）	倍率（2'）/（1）	国民年金 保険料負担額（1）（万円）	年金給付額（2）（万円）	倍率（2）/（1）
70歳（1935年生）［2000年度時点で換算］	680（670）	5,600（5,500）	8.3	4,400（4,300）	6.4	230（230）	1,300（1,300）	5.8
60歳（1945年生）［2010年度時点で換算］	1,200（1,100）	5,400（5,100）	4.6	4,500（4,200）	3.8	410（390）	1,400（1,300）	3.4
50歳（1955年生）［2020年度時点で換算］	1,900（1,600）	6,000（5,100）	3.2	5,600（4,800）	3.0	700（600）	1,600（1,400）	2.3
40歳（1965年生）［2030年度時点で換算］	2,800（2,200）	7,600（5,900）	2.7	7,600（5,900）	2.7	1,100（830）	2,100（1,600）	1.9
30歳（1975年生）［2040年度時点で換算］	3,900（2,800）	9,600（6,700）	2.4	9,600（6,700）	2.4	1,500（1,000）	2,600（1,800）	1.8
20歳（1985年生）［2050年度時点で換算］	5,100（3,300）	12,000（7,600）	2.3	12,000（7,600）	2.3	1,900（1,200）	3,300（2,100）	1.7
10歳（1995年生）［2060年度時点で換算］	6,500（3,700）	14,900（8,500）	2.3	14,900（8,500）	2.3	2,400（1,400）	4,100（2,300）	1.7
0歳（2005年生）［2070年度時点で換算］	8,000（4,100）	18,300（9,500）	2.3	18,300（9,500）	2.3	3,000（1,600）	5,000（2,600）	1.7

※厚生労働省「年金制度における世代間の給付と負担の関係について」

（注1）それぞれ保険料負担額及び年金給付額を65歳時点の価格に換算したもの。
（　）内はさらに物価上昇率で現在価値（平成16年度時点）に割り引いて表示したもの。
（注2）2100年で受給期間が終わる世代について計算した。

保険料を払っても年金がもらえない？

年金が老後のものだけでないことは、理解していただけたことでしょう。

しかし、まだ気持ちのどこかで**「払ってもどうせもらえないんでしょ」**という部分が残っていないでしょうか？

ニュースや雑誌の記事を見る限り、そんな不安を持つのは当然のこと。では、冷静にこの先年金がどうなるのかを見ていくことにしましょう。

上の表は、2004年に行われた年金の大改正で、国が試算した将来のシミュレーションです。

例えば現在40歳の人は、このシミュレーション当時25歳ですから、30歳と20歳の間の数字だと思えばいいでしょう。

すると、厚生年金では、約3050万円支払って約7150万円受け取ることができ、国民年

★POINT★

日本という国があり、平均寿命をまっとうすれば、払った以上のお金を受け取れる。

年金保険料の値上げ

厚生年金

年収に対して
0.177%ずつ
折れ線グラフ

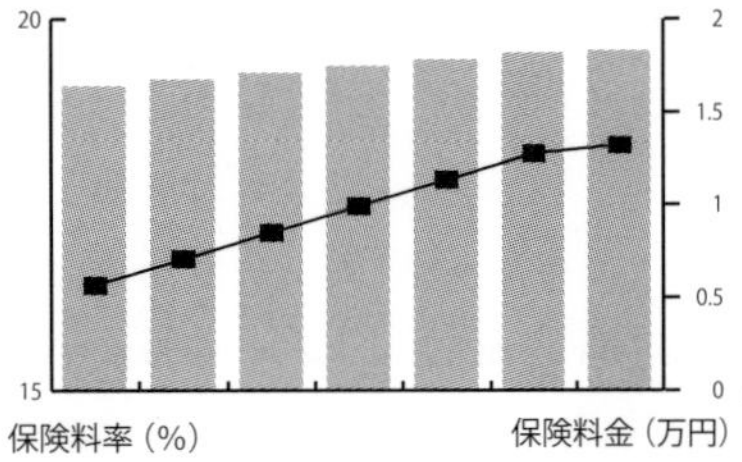

国民年金

280円ずつ
棒グラフ

2017年以降は
18.3%で固定

2017年の
1万6900円が上限予定

30歳サラリーマンの例

厚生年金…7080円
国民年金… 280円
毎年7360円ずつふえる

【厚生年金】
約3050万円支払って
約7150万円受け取る

【国民年金】
約1100万円支払って
約1950万円受け取る

30歳・年収400万円の
サラリーマン

ただし平均寿命まで生きた場合

（試算では2050年時点で男80.95歳／女89.22歳）

金では約１１００万円支払って約１９５０万円受け取ることができるということになります。

あくまでも平均寿命（試算では２０５０年時点で男80・95歳、女89・22歳）まで生きた場合ですが……。

日本がある以上のちのち受け取れる

このシミュレーション通りいくように、国民年金・厚生年金ともに、２００４年から12年の間、保険料を毎年少しずつ値上げしました。

ちなみにこの改正で、「１００年間は年金を支払うことができる体制になった」と言われています。

しかし、今の60代・70代に比べて、われわれがもらえる年金は、半分のうまみしかないのも事実なのです。

もしかしたらこのことが、話として一人歩きして、「若い世代は年金なんて払ってももらえない」という印象を強くしてしまったのかもしれません。

専門家の間でも色々なことを言う人がいますが、**日本の国がある以上、少なくとも私たちが負担したお金以上は、平均寿命をまっとうすればのちのち受け取れる**のです。

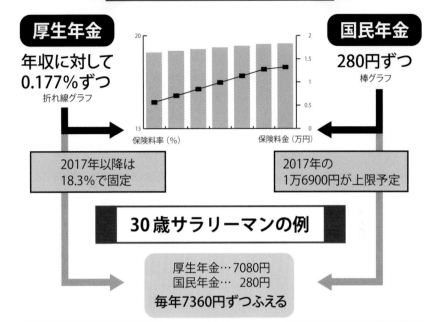

★将来の生活の基礎になるお金

もらえる年金額はいくら？

老齢厚生年金の保険料の計算方法

4月～6月の給与の平均値（報酬月額）を
1等級～30等級の表に当てはめた額
（9万8000円～62万円）

4月～6月は残業を控えろっていうのはこのせいか～

2003年3月まで

平均標準報酬月額 × $\left[\frac{9.5}{1000} \sim \frac{7.125}{1000}\right]$ × 2003年3月までの被保険者期間の月数

（生年月日に応じた率）

＋

保険料の対象にボーナスが入ったので「月」が消えた

2003年4月から

平均標準報酬額 × $\left[\frac{7.308}{1000} \sim \frac{5.481}{1000}\right]$ × 2003年4月以降の被保険者期間の月数

（生年月日に応じた率）

↓

おおよその生涯年収の平均÷12

※現在30歳の人の試算では
2003年4月からの保険期間の
ほうが長くなるので、下のほうの式を使う

→ 
左の図へ

年金額の計算をザックリしてみる

ここでは、将来の私たちの年金はいくらになるのかを、厚生年金の例で見ていきましょう。

もっとも関心が高いのは、**老後の年金がいくらもらえるのか**という点でしょう。

もしあなたが30歳の場合は、現在のところ、老齢基礎年金（国民年金）も老齢厚生年金（厚生年金）も、65歳からの支給となります。

厚生年金に入っていた人は、国民年金にも加入していますから、加入月数に応じた老齢基礎年金（国民年金）もあわせて受け取ることになります。

問題は老齢厚生年金の計算方法で、具体的には上の図のようになります。

……こんな数式が出てきただけでゲッソリですよね。これが年金が分かりにくい原因なのです。

もっとも、私たちはあくまでもザックリした

★POINT★

今の自分の給料から将来の年金額が予想できる。目安として知っておこう。

年金を試算してみる

【シミュレーション】
現在30歳のサラリーマンが65歳から受け取る年金はいくら？

現在30歳

65歳から支給開始

※生涯年収が不明なので
新卒の年収と退職時の年収（予想）を
足して２で割ることで平均の年収とする

300万円（新卒時の年収）＋ 700万円（退職時の年収）÷ 2 ＝ 500万円（生涯の平均年収（予想））

500万円 ÷12 ＝ 約 **41.7万円** ← **平均標準報酬額**

41.7万円 × 0.5481% × 被保険者期間（38年 ×12）＝ **1,042,223円**

これに老齢基礎年金を加える

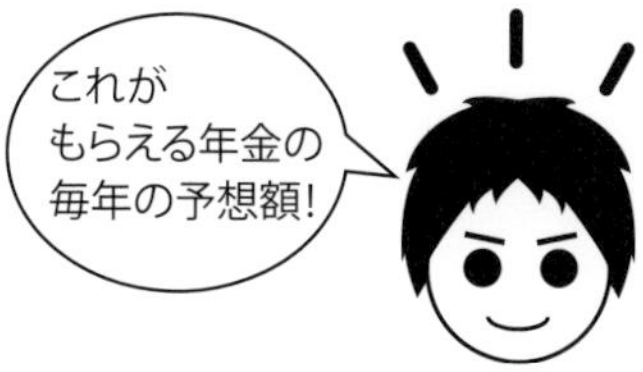
これが
もらえる年金の
毎年の予想額！

合計：約182万円

目安が分かればいいので、もう少し簡単に考えます。

現在30歳の人は、２００３年４月からの保険期間のほうが長くなりますから、右ページ下の計算式を使って計算します。

問題は、**平均標準報酬額**ですが、これはおおよその生涯年収の平均を12で割ったものです。

でも生涯年収の平均なんて分かりませんから、仮の数字をあてはめました。すると上の図のように、約１８２万円となります。

年金制度はこれからも変化し続ける

これはあくまでも、大雑把な目安です。しかし目安すらないまま今後を計画するよりも、ずっとリアルな感覚が持てるのではないでしょうか。

国の状況によって年金制度は大きく変化します。

しかし、ここまで書いてきたことを参考にすれば、自覚ある大人として、**「この先年金制度がどうなっていくか」**という切り口で、今後の経済や政治について関心を持って見ることができるのではないでしょうか。

●ミニコラム●

年金だけで老後の生活は大丈夫か？

老後は2000万円の貯金が必要?

「定年退職した後の生活費は年金だけではまかなうことができない。老後資金は2000万円の貯蓄が必要」

2019年６月、金融庁の市場ワーキンググループが公表した「高齢社会における資産形成・管理」で示された数字です。その根拠となったのが下の図です。

高齢者夫婦無職世帯の収入・支出

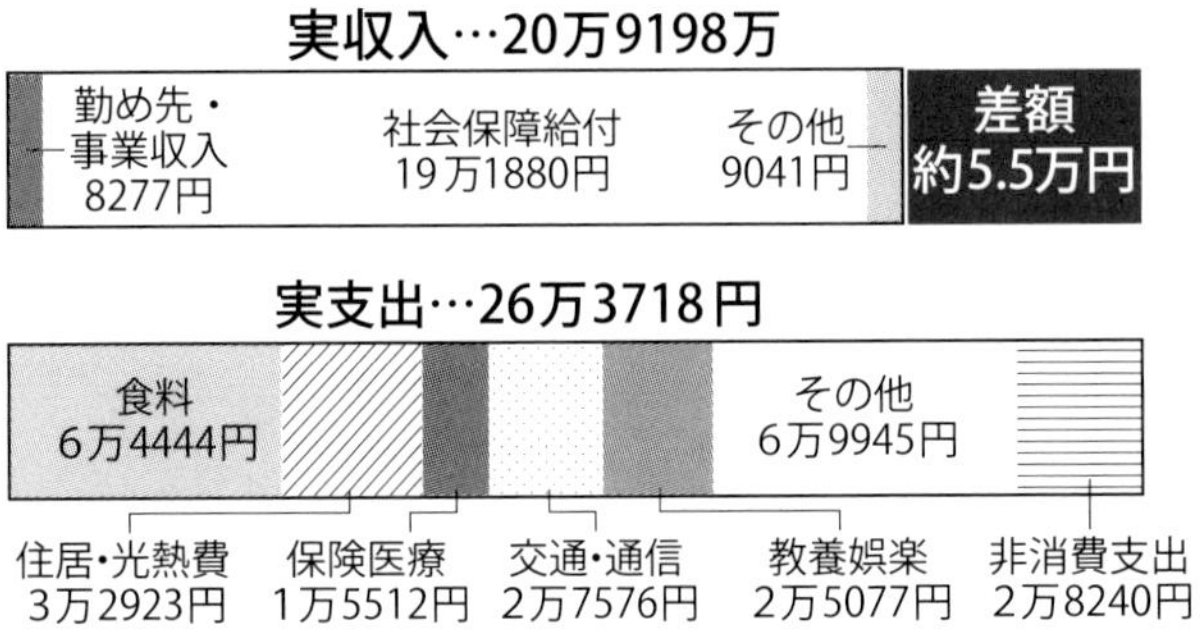

実収入…20万9198万
勤め先・事業収入 8277円
社会保障給付 19万1880円
その他 9041円
差額 約5.5万円
実支出…26万3718円
食料 6万4444円
その他 6万9945円
住居・光熱費 3万2923円
保険医療 1万5512円
交通・通信 2万7576円
教養娯楽 2万5077円
非消費支出 2万8240円

この図をもとに計算すると、毎月の不足額は約5.5万円。年間で66万円になります。老後が30年間あると計算すると、合計1980万円となるわけです。

ただ、この図はあくまでも平均です。自営業で主に国民年金だけしか受給していない世帯も含まれていますし、逆に夫婦共働きで厚生年金に加入している場合は、充分年金だけで生活していけることになります。

自分が受け取れる年金をある程度は把握して、老後の準備を考えていくべきです。その上で「年金だけでは足りたい」となったら、預貯金はもちろん、59ページでも登場した「iDeCO」など、まずは税制優遇が受けられるものから始めていきましょう。

5章
知らないとヤバイ困ったときのお金の話

about
Trouble
知らないとヤバイ
困ったときのお金の話
1

★できればお世話になりたくないけど 失業時の味方・失業保険

失業したときのセーフティネット

自分が望まなくても、私たちは、ときに仕事を失ってしまうことがあります。

そんなときに頼りになるのが**「雇用保険（失業保険）」**です。

正確に言えば、雇用保険の中に「失業等給付」という制度があって、このことを一般的に失業保険という言い方をしています。

この失業等給付にも色々な制度があって、大きく分けると、**求職者給付・就職促進給付・教育訓練給付・雇用継続給付**の４つになります。

ここでは、求職者給付の中の基本手当、つまり**失業手当**について詳しく見ていきましょう。

失業保険をもらった経験がある人はご存じかもしれませんが、経験がない人も、失業保険とはどんな仕組みなのか、前もって知っておいていただきたいところです。

失業保険の対象になる人

①
・ハローワークに来所している
・求職の申込みを行っている
・就職しようとする積極的な意思がある
・いつでも就職できる能力がある
にもかかわらず
本人やハローワークの努力によっても職業に就けない「失業の状態」にある

＋

②
離職の日以前の２年間に雇用保険の被保険者だった期間が通算12ヵ月以上あること
ただし
特定受給資格者または特定理由離職者については、離職の日以前の1年間に被保険者期間が通算6か月以上ある場合でも可

次のような状態にあるときは基本手当を受けられない

- 病気やけがのためすぐには就職できないとき
- 妊娠・出産・育児のためすぐには就職できないとき
- 結婚などにより家事に専念しすぐに就職できないとき
- 定年などで退職してしばらく休養しようと思っているとき

失業手当の日額上限

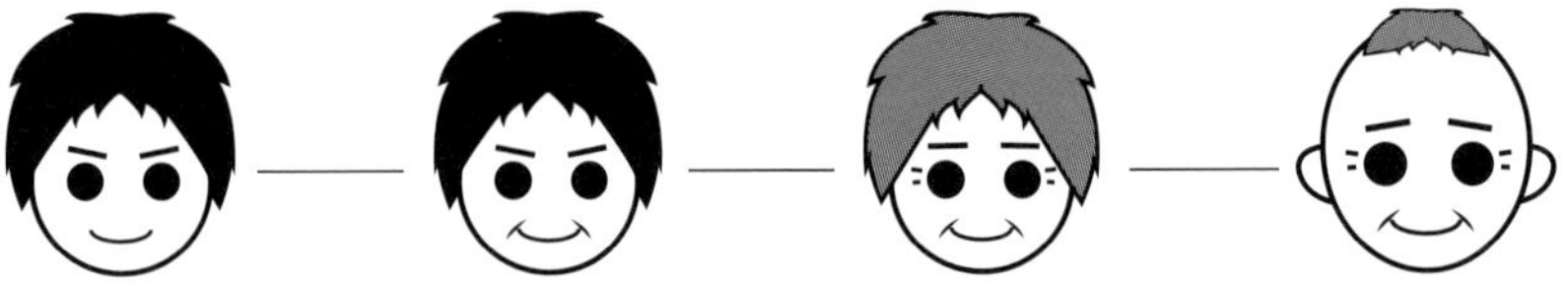

30歳未満	30歳以上45歳未満	45歳以上60歳未満	60歳以上65歳未満
6815円	7570円	8335円	7150円

（2019年10月）

★POINT★

離職の理由が何かによって条件が変わる。離職票には事実を書いてもらおう。

失業保険の給付日数

一般の離職者

区分 ＼ 被保険者であった期間	1年未満	1年以上5年未満	5年以上10年未満	10年以上20年未満	20年以上
全年齢	—	90日		120日	150日

特定受給資格者及び特定理由離職者

区分 ＼ 被保険者であった期間	1年未満	1年以上5年未満	5年以上10年未満	10年以上20年未満	20年以上
30歳未満	90日	90日	120日	180日	—
30歳以上35歳未満		120日	180日	210日	240日
35歳以上45歳未満		150日		240日	270日
45歳以上60歳未満		180日	240日	270日	330日
60歳以上65歳未満		150日	180日	210日	240日

特定受給資格者…倒産・リストラなどで離職した人
特定理由離職者…労働契約期間の満了・身体や心身の障害で離職した人など

【注意!】
本来より不利な扱いになってしまうことがある

本当はリストラされたのに…
「従業員の都合」の退職にしよう

「離職票」の「離職の理由」に事実を書いてもらうようにする

離職の理由次第で受給額と時期が変わる

受給資格があるのは、右上の図にある2つの条件の両方にあてはまる人で、金額や日数も上の通りですが、どうでしょう。「そんなにはもらえないなあ」という印象を持ったのではないでしょうか？

しかも、一般的に自己都合で会社を辞めた場合は、原則3ヵ月間は基本手当を受け取ることができません。

ここでのポイントは、**「特定受給資格者」**というキーワードです。

表の通り、一般的な受給者に比べて特定受給資格者は相当優遇されています。失業給付を受けるためには、辞めた会社からもらう**「離職票」**という用紙が必要になるのですが、この用紙の**「離職の理由」になんと書いてあるかで、失業給付の条件が良くも悪くもなります。**

実は、実質的には会社側に辞めさせられたのに、自分から辞めたことになっている、というパターンがとても多いのが現実です。

しかしこの2つの間には、手当の期間や金額にかなりの差があります。会社側の都合で退職になったときは、その事実をしっかりと明記してもらうように働きかけましょう。

about Trouble
知らないとヤバイ困ったときのお金の話
2

★最低限の生活は保障されている

生活保護は意外ともらえる

最低限の生活費を受け取れる

生活保護とは、預貯金もなく、親族の援助を受けることもできず、働けない、もしくは働いてもその収入が**最低生活費を満たさない場合に受けることができる**制度です。

「意外ともらえる」なんて書くと、現在生活保護を受給しながら自立しようと頑張っている方に失礼かもしれませんが、決して「生活保護をもらって楽をしよう」などという趣旨ではないので、ご理解ください。

万が一生活に行き詰まった場合に備えて、こんな制度があること、また国が定めている「最低限の生活費」がどのぐらいなのかを頭に入れておいていただきたいので、ポイントをまとめました。

生活保護制度には2つの目的があります。

ひとつは、やはり**「健康で文化的な最低限度の生活を確保する」**ということ。

生活保護を受けられる人

生活保護は世帯単位

お金がない

↓

資産の活用
預貯金や
生活に利用されていない土地家屋
などがあれば売って生活費にあてる

あらゆるものの活用
年金や手当など
他の制度で給付を受けることが
できる場合はまずそれらを活用する

家族全員がこの条件に該当している

能力の活用
働くことが可能な場合はその能力に
応じて働く

扶養義務者の扶養
親族などから援助を受けることが
できる場合は、援助を受ける

その上で、それでもお金がない

↓

世帯の収入 ＜ 厚生労働大臣の定める基準で計算される最低限の生活費

↓

生活保護を受けられる

★POINT★

最低限の生活費がない場合は、足りない分を生活保護で受け取ることができる。

生活保護の金額

生活扶助基準額

世帯	東京都区部等	地方郡部等
標準3人世帯（33歳、29歳、4歳）	16万110円	13万1640円
高齢者単身世帯（68歳）	8万870円	6万5560円
高齢者夫婦世帯（68歳、65歳）	12万730円	9万7860円
母子世帯（30歳、4歳、2歳） ※児童養育加算等を含む	18万9870円	15万9900円

※2016年度

この額すべてが支給されるわけではない

生活扶助基準額 － **収入（年金、児童扶養手当等）** ＝ **支給額**

申請の方法

地域の福祉事務所か町村役場で相談 → 生活保護の申請手続きをする → 担当者が世帯の収入や資産を調査 → 原則14日以内に回答がある

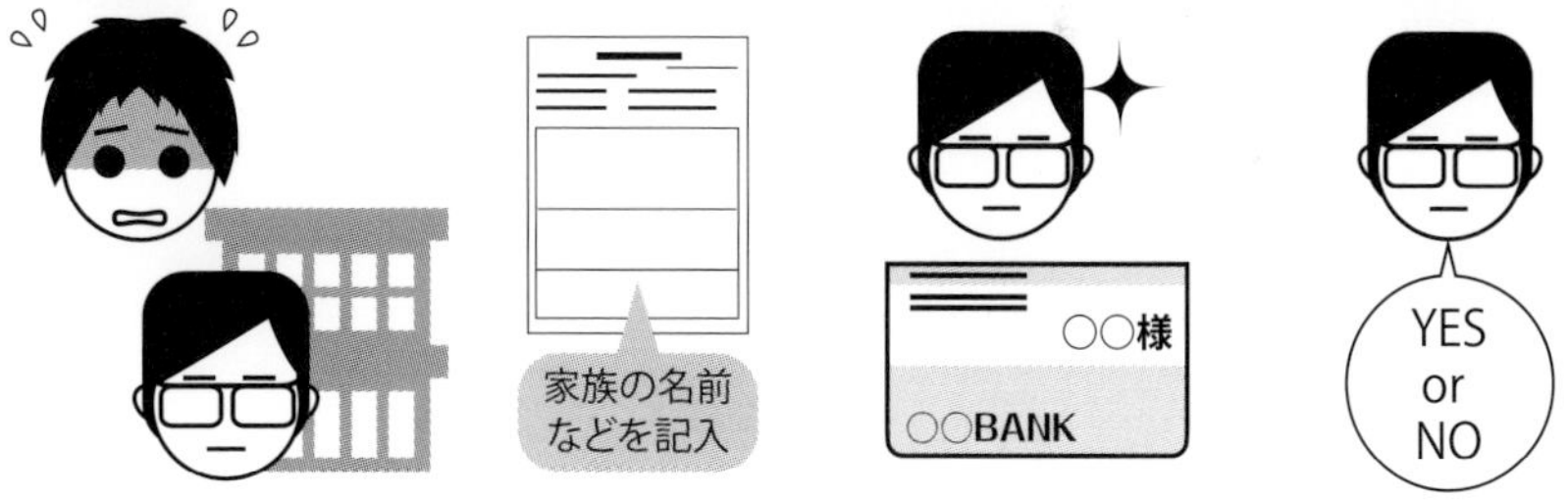
家族の名前などを記入
○○様
○○BANK
YES or NO

そしてもうひとつは、一度生活が困窮してしまった方の**自立をサポート**するというものです。

では、どういった場合に生活保護の対象になるのでしょうか。

それには**「最低生活費」**というものを理解する必要があります。

いつでも満額もらえるわけではない

まず、国が考えている生活費の内訳を見ていきましょう。具体的にどれくらいの金額かというと、一番分かりやすい生活扶助（日常生活に必要な費用）を例にあげると、上図のような感じです。

ただし、この金額が**満額支給されるということではありません**。これはあくまでも**基準額**ですから、上記の式のように、月の収入がこの基準額に満たない場合に**足りない分を支給される**という仕組みなのです。

金額としては最低限の生活費なので、収入がある人が支給を受けることはなかなか困難ですが、急に会社にリストラされた場合や会社が倒産した場合などは、助けてくれることに違いはありません。**何かあったらトコトン利用するべきです。**

★こんな時代だから必要になる
セーフティネットいろいろ

教育支援資金

支給対象

子供を学校に
行かせたいけど
お金が足りない…

低所得世帯の人が高校・大学などに入学・修学するために必要なお金を貸してくれる

【支給例】

…就学支度費…
50万円以内
…教育支援費…
月6.5万円以内
（大学の場合）

・無利子
・保証人不要
（世帯内で連帯借受人が必要）

…問い合わせ先…
社会福祉協議会

不動産担保型生活資金

支給対象

住み慣れた家に
住み続けたいけど
生活費がない…

自宅に住み続けたい高齢者に
土地・建物を担保にして生活費を貸してくれる

【支給例】

…貸付額…
月30万円以内
（不動産担保型生活資金の場合）

・「不動産担保型生活資金」「要保護世帯向け不動産担保型生活資金」の２つがある
・期間は、借受人の死亡時までの期間または元利金が限度額に達するまで

…問い合わせ先…
社会福祉協議会

自分で動いて協力してもらおう

前ページまでに紹介したものの他にも、セーフティネットはまだまだあります。

特にリーマンショック以降、雇用保険のセーフティネットからこぼれ、失業給付も生活保護も受けられない状態の人たちを対象とした**第二のセーフティネット**というものが設けられました。

雇用環境が一変してしまった昨今、一時的に利用することが可能な制度もたくさんあります。自分には関係のないことなどと思わずに、利用できるものがないか一度調べてみる必要があります。

特にこういった制度は、国や自治体のほうから個別に提案してくれるものではありません。**みずから動いて初めて行政の協力を受けることができるもの**なので、どんどん相談に行くべきなのです。

★POINT★

万が一のときに利用できる安全策はいろいろある。ただし行政は待っていても来てくれないので、みずから動かなければならない。

総合支援資金

日常生活に困難がある世帯に
再建のための支援・資金の貸付をしてくれる

支給対象

借金返済や
転職のために
生活費がない…

引っ越せば
生活のめどが
立ちそうだけど
敷金・礼金がない

【支給例】

…貸付額…
60万円以内
(生活支援費)

●生活支援費
生活再建のための費用

●一時生活再建費
生活再建・転職・債務整理
のための費用

…貸付額…
40万円以内
(住宅入居費)

●住宅入居費
敷金、礼金などの
住宅の賃貸契約の費用

…問い合わせ先…
ハローワーク

福祉資金

経済的・障がい等による問題がある世帯に一時的な貸付を行い、問題解決や自立をめざす

支給対象

被災してしまって
仕事や生活の
ためのお金がない…

少しだけで
いいから
緊急で
お金が必要

【支給例】

●福祉費

…災害による
臨時経費…
150万円まで

…日常生活上の
一時的経費…
50万円まで

…生業を営む
ための経費…
460万円まで

●緊急小口資金
生計の維持のために緊急・
一時的に必要な少額の費用の貸付

…貸付額…
10万円以内

…問い合わせ先…
ハローワーク・社会福祉協議会

about Trouble
知らないとヤバイ
困ったときのお金の話
4

★借りるのならかしこく借りたい

借金の前に知っておきたいこと

住宅ローンで「借金」を考えてみる
住宅購入には高額のお金が必要
現金でなんてとても払えない
でもやっぱり家が欲しい！
そんなとき
将来稼ぐことができるお金を前借りしてお金を用意する
それが
借金
そこで、金融機関に
前借りのお金を用意してもらうのが
住宅ローン
見ず知らずの人にお金を貸すわけですからねえ
銀行員
ただし銀行はタダではお金を貸してくれない
金利
「お金の使用料をもらいます」というもの
担保
「返せなくなったら家や土地はもらいます」というもの
保証人
「返せなくなったら代わりに誰かに返してもらいます」

そもそも借金って何？

我々が普通に生きていれば、借金をすることはそんなに多くありません。せいぜい住宅ローンかマイカーローンぐらいのものでしょう。

しかし、最近ではカードローンやクレジットのキャッシングサービスなどの借金が身近なものになってきました。

では、**そもそも借金とはなんでしょうか？**

答えは簡単です。**「将来受け取るお金を、今受け取ること」**なのです。

もっとも、家が欲しいからという理由では、なかなか職場から前借りすることはできません。そこで金融機関が代わりに前借りのお金を用意してくれるのです。これが商品となっているのが住宅ローンです。

当然、銀行はタダではお金を貸してくれません。**お金の使用料**や、**担保**、**保証人**といった条件をつけてきます。つまり、**金利は返済されない危険性が多ければ多いほど高くなる**と

★POINT★

借金の金利は各金融機関によってかなり差がある。損をしないためにまず調べよう。

ローンの金利を決める要素
過去に借金を繰り返してはいないか？
現在返済中の他の借金はないか？
過去に返済が遅れたことがないか？
個人の信用力＋危険度をチェック
危険とお金を天秤にかけてバランスのとれるところで
ローンの期間と金利を決める
信用力が低い分は高い金利でリスクをカバーする
信用力が低い
↓
高金利
信用力が高い
↓
低金利
金利はけっこう変わる
200万円のマイカーローンの比較（5年返済）
某団体のローン
金利…５％
返済総額…
226万4520円
某信販会社のローン
金利…２.５％
返済総額…
212万9700円
右の方が安いのに…
わざわざ高い金利でお金を借りていることがある
借金のしかたに要注意

いうことなのです。

損をしないよう要注意

　では、担保や保証人のないローンはどうなのでしょうか？

　ここでのポイントは**期間**です。ローンの期間が長いものより、短いもののほうが金利が安くなる傾向にありますが、それは途中で支払いがとどこおってしまう危険が大きいからです。

　しかし、実は一番大事なのは、**「個人の信用力」**です。

　といっても、金融機関が信用しているのは、人柄でも学歴でもありません。**過去の金融取引の履歴**なのです。

　つまり金利が高い商品は、信用力が低い分、高い金利でそのリスクをカバーしようとしているのです。

　不思議なことに、この原則を忘れて、信用力がそれほど低くないのにわざわざ高い金利を借りている人が多いのです。

　まったく同じものを買うのに、わざわざ高い方を選ぶ人はいません。つまり、**安く買える方法を知らずに損をしている**ということです。

　ちょっとしたお金の知識があるだけで損をしないことはたくさんあるのです。

★気軽に使えるけど失敗すると大変

カードローンに気をつけろ

個人の金融取引情報はツツヌケ

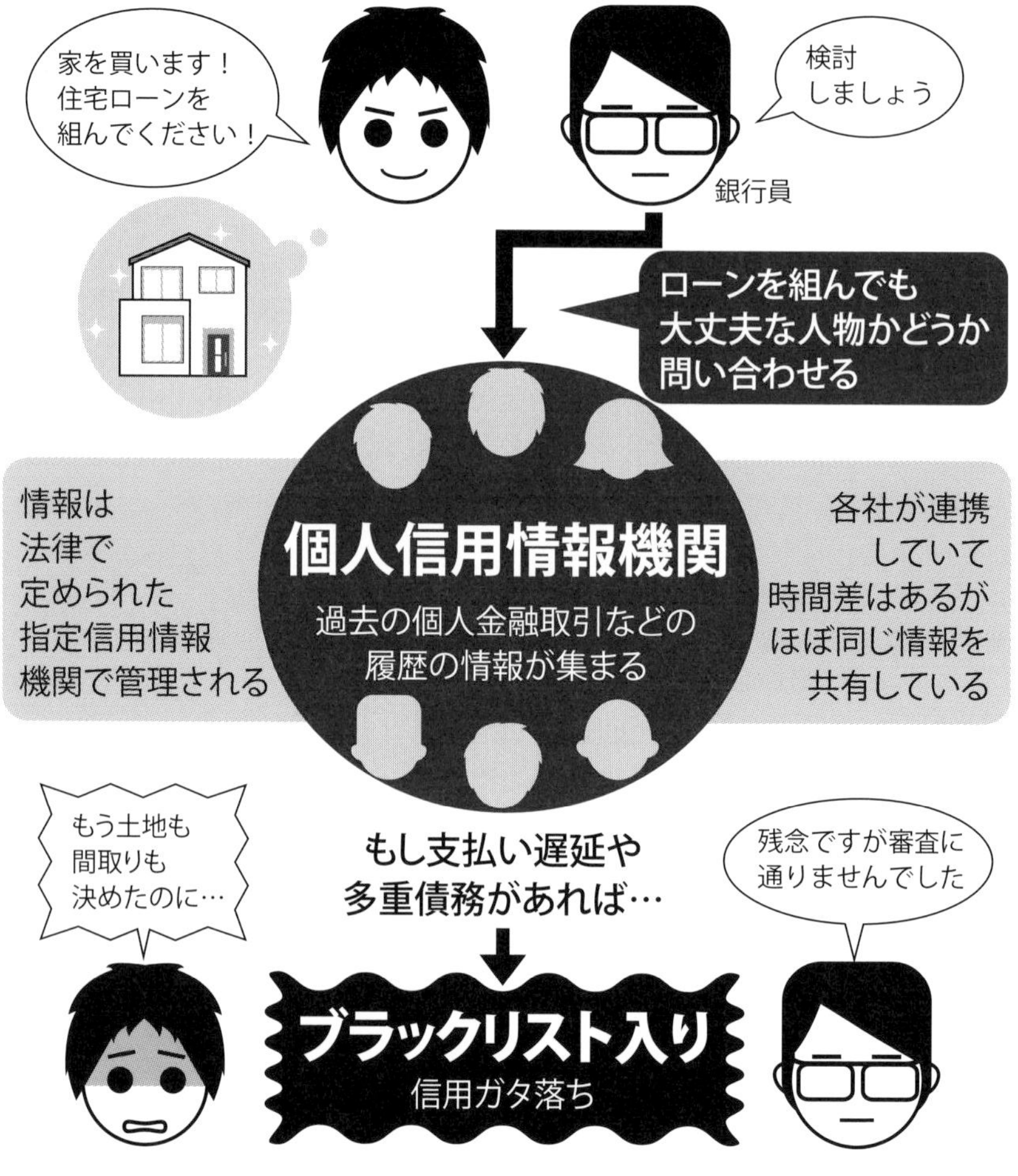
家を買います！
住宅ローンを
組んでください！
検討
しましょう
銀行員
ローンを組んでも
大丈夫な人物かどうか
問い合わせる
情報は
法律で
定められた
指定信用情報
機関で管理される
個人信用情報機関
過去の個人金融取引などの
履歴の情報が集まる
各社が連携
していて
時間差はあるが
ほぼ同じ情報を
共有している
もう土地も
間取りも
決めたのに…
もし支払い遅延や
多重債務があれば…
残念ですが審査に
通りませんでした
ブラックリスト入り
信用ガタ落ち

私たちの情報は管理されている

金融機関が私たちの信用力を判断するときに材料にしているのが、**過去の金融取引などの履歴**です。

では、その金融取引の履歴は、どうやって調べているのでしょうか？

実は、これを専門に管理している会社があるのです。

それは、一般的に**「個人信用情報機関」**と呼ばれているところで、法律で定められている指定信用情報機関が管理しています。

クレジット系や銀行系など、所属している会社によっていくつかに分かれていますが、それぞれが連携しているので、時間差はありますが、ほぼ同じ情報を共有していると考えていいでしょう。

金融機関はお金を貸す前に、必ずこの機関に問い合わせをしているのです。

★POINT★

お金の失敗はのちのちまで影響する。将来のために信用力には気をつけよう。

実はよくある悲劇

もしかして
あのときの
借金のせいかな…
独身の頃に手を出した
カードローンの支払いが
遅れぎみだった
よみがえる
黒歴史
海外旅行のために
組んだクレジットが
支払えていない

若かりし頃の失敗のせいで家族の夢のマイホームが手に入らなくなることもある

資本主義というお金の世界を生きていくために…

自分の信用力を落とさない!

自分の信用情報が今現在どのように取引されているか
以下のホームページなどでチェックできる

全国銀行個人信用情報センター	日本信用情報機構	シー・アイ・シー
(http://www.zenginkyo.or.jp/pcic/) 主に金融機関とその関係会社を会員とする信用情報機関	(http://www.jicc.co.jp) 主に貸金業、クレジット事業、リース事業、保証事業、金融機関事業等の与信事業を営む企業を会員とする個人信用情報機関	(http://www.cic.co.jp) 主に割賦販売等のクレジット事業を営む企業を会員とする個人信用情報機関

もし、過去にクレジットの支払い遅延やカードローンの多重債務があると、いわゆる**「ブラックリスト」**に名前があるということで、信用力がガタ落ちになってしまいます。

信用はとても大切

これでトラブルになるケースがあるのが、**住宅ローンを借りるとき**です。長年の夢である家をいざ建てようとしたときに、住宅ローンが組めない。そんなことがあるのです。

銀行は、住宅ローンの審査が通らなかった原因を教えてはくれませんが、多くの場合は、この個人信用情報で引っかかっています。**過去のちょっとした失敗が、夢を簡単に奪い取ることがあるのです。**

資本主義というお金の世界を生きていくためには、**自分の信用力を落とさないことがとても大切**です。

特に、貸金業法や割賦販売法が相次いで改正されたことによって、お金が借りにくくなりました。本来クレジットの分割払いやカードローンはおススメできませんが、緊急事態が起こるかもしれません。そのときのためにも、安易に信用力を落とすようなローンに手を出すことは避けてください。

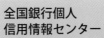

about Trouble
知らないとヤバイ
困ったときのお金の話
6

★借金で人生を終わらせることはない

お金が返せなくなったら…

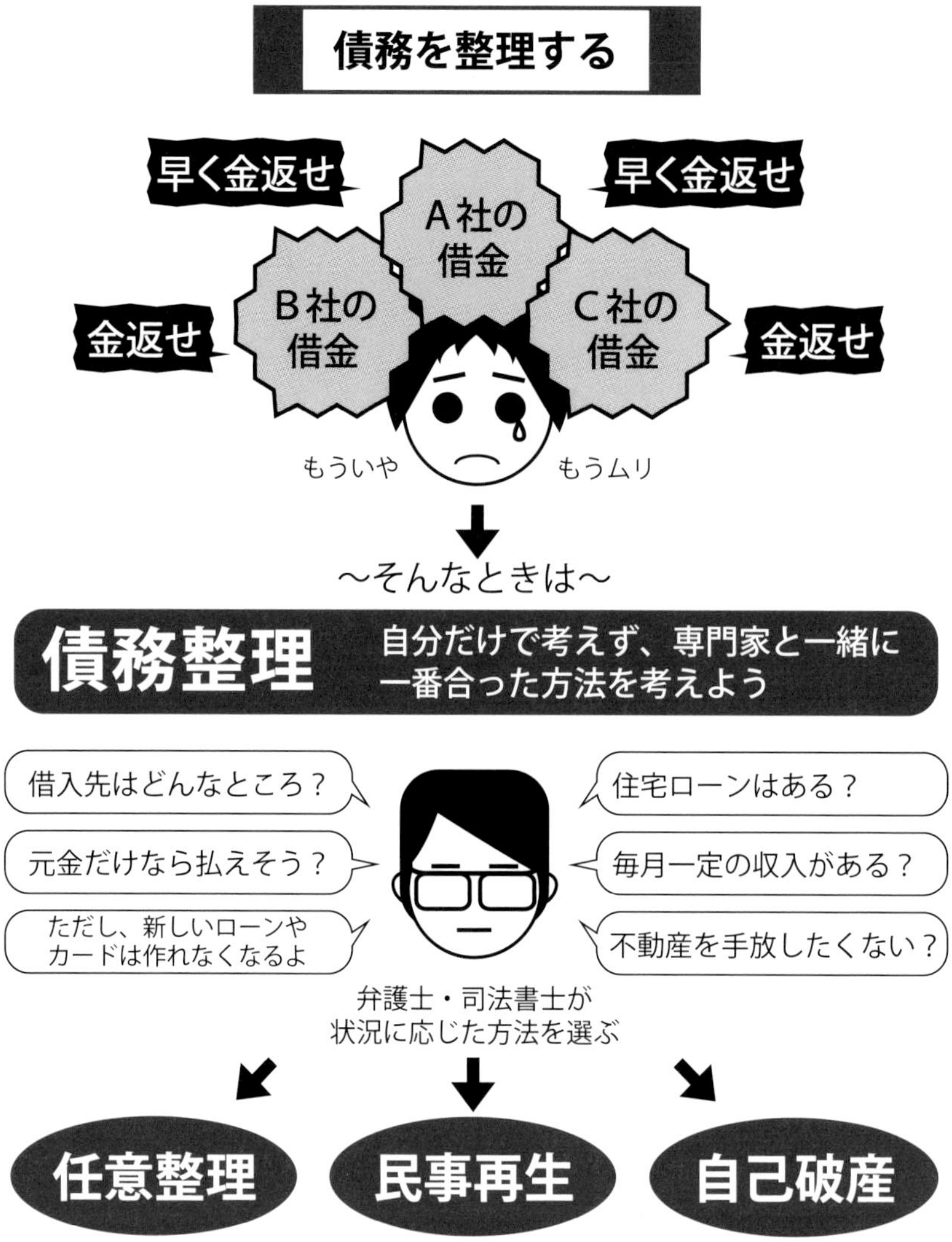
債務を整理する
早く金返せ
早く金返せ
A社の借金
B社の借金
C社の借金
金返せ
金返せ
もういや
もうムリ
～そんなときは～
債務整理
自分だけで考えず、専門家と一緒に一番合った方法を考えよう
借入先はどんなところ？
元金だけなら払えそう？
ただし、新しいローンやカードは作れなくなるよ
住宅ローンはある？
毎月一定の収入がある？
不動産を手放したくない？
弁護士・司法書士が状況に応じた方法を選ぶ
任意整理
民事再生
自己破産

専門家に相談しよう

借りたお金を返すのは普通のことですが、もしかしたらそうも言っていられなくなる日が来るかもしれません。

念のため、万が一のときのことも考えておかなければなりません。

支払いができない場合に考える必要があるのが、**債務整理**です。

債務整理には、**任意整理・民事再生・自己破産など**があります。ここで詳しく説明はできませんが、基礎知識として簡単に見てみましょう。

債務整理はとても勇気のいることです。特に自己破産は、人生を棒に振るようなイメージが大きいかもしれません。

しかし、返すめどの立たない借金に苦しむよりも、**新しいスタート**を切り直したほうがいい場合もあります。自分だけで悩まずに、早めに専門家に相談してください。